民族之魂

和平共处

陈志宏◎编著

延边大学出版社

图书在版编目（CIP）数据

和平共处 / 陈志宏编著 . -- 延吉：延边大学出版
社 , 2018.4（2023.3 重印）
　（民族之魂 / 姜永凯主编）
　ISBN 978-7-5688-4531-1

　Ⅰ . ①和… Ⅱ . ①陈… Ⅲ . ①品德教育－中国－青少
年读物 Ⅳ . ① D432.62

中国版本图书馆 CIP 数据核字（2018）第 069101 号

和平共处

编　　　著：陈志宏
丛 书 主 编：姜永凯
责 任 编 辑：孙淑芹
封 面 设 计：映像视觉
出 版 发 行：延边大学出版社
社　　　址：吉林省延吉市公园路 977 号　　邮编：133002
网　　　址：http://www.ydcbs.com　E-mail：ydcbs@ydcbs.com
电　　　话：0433-2732435　　　　　传真：0433-2732434
发行部电话：0433-2732442　　　　　传真：0433-2733056
印　　　刷：三河市同力彩印有限公司
开　　　本：640×920 毫米　　　　1/16
印　　　张：8　　　　　　　　　　字数：90 千字
版　　　次：2018 年 4 月第 1 版
印　　　次：2023 年 3 月第 2 次印刷
ISBN 978-7-5688-4531-1

定价：38.00 元

人有灵魂，国有国魂；一个民族，也有民族魂。

鲁迅先生曾经说过："唯有民魂是值得宝贵的，唯有他发扬起来，中国才有真进步。"

鲁迅先生以笔代戈，战斗一生，曾被誉为"民族魂"。

民族魂，顾名思义，就是一个民族的灵魂！民族魂，是一个民族的精髓，体现了一种民族的精神，是一个民族生存和存在的精神支柱。

什么是中华民族的民族魂？那就是中华民族精神！它是中华民族凝聚力的理念核心，是中华文明传承的基因。它包含热烈而坚定的爱国情感，对生活的美好愿望和追求，为目标努力奋斗的拼搏毅力，为正义事业不惜牺牲自己的精神，以及正确的人生观和价值观。

前 言

翻开浩瀚的中国历史长卷，我们可以看到数不胜数的，体现民族精神和民族魂的英雄人物和可歌可泣的感人故事。

民族魂，不仅体现在爱国主义精神和行动中，而且体现在各个领域自强不息的民族奋斗中。而中华民族精神的力量，更是深深植根于延绵几千年的传统文化之中，始终是维系中华各族人民共同生活的纽带，是支撑中华民族生存和发展的精神支柱，是不断推动中华民族前进的强大动力。

民族魂体现在"重大义，轻生死"的生死观中；民族魂体现在"国家兴亡，匹夫有责"的使命感中；民族魂体现在"我以我血荐轩辕"的大无畏精神中；民族魂

体现在将国家利益置于最高的爱国情怀中！

　　纵观中华五千年文明史，曾经有多少杰出的政治家、军事家、思想家、文学家、科学家、艺术家；曾经有多少忧国忧民、鞠躬尽瘁的仁人志士；曾经有多少抗击外敌、英勇献身的民族英雄。他们或顺应历史潮流，积极改革弊政，励精图治，治国安邦，施利于民；或为人类进步而不断进行着农业、工业、科技、社会等各种创新；或开发和改造河山，不断创造着灿烂的中华文明；或英勇反击外来侵略，捍卫着国家主权和民族尊严；或坚决反对民族分裂，维护国家的统一……他们从不同的侧面，体现了中华民族的民族魂，谱写了几千年中华文明的壮丽诗篇，铸造了中华民族高尚而坚不可摧的"民族之魂"。

　　民族魂，就是爱国魂。从屈原在汨罗江边高唱的《离骚》，到文天祥大义凛然赴死前的"人生自古谁无死，留取丹心照汗青"的诗句；从岳飞的岳家军抗击入侵金兵，到郑成功收复台湾；从血雨腥风的鸦片战争，到硝烟弥漫的十四年抗战，再到抗美援朝的隆隆炮声……哪个为国捐躯的英雄不是可歌可泣的？

　　民族魂，就是奋斗魂。从勾践卧薪尝胆，到司马迁秉笔直书巨著《史记》；从鉴真东渡传播佛法终在第六次成功，到詹天佑自力更生建铁路；从袁隆平百次实验成为"水稻之父"，到屠呦呦的青蒿素获得诺贝尔奖……哪个不是历经艰难，最终取得成功？

　　民族魂，就是改革献身魂。从管仲改革到商鞅变法；从王安石变法到百日维新……哪次变法图强不是要冲破

民族之魂

旧势力的阻挠，或流血牺牲？

民族魂，就是创新魂。古有毕昇发明活字印刷，今有王选计算机照排；古有指南针、造纸术、火药、浑天仪、地动仪的发明，今有神舟号的相继飞天……哪个不是中华民族的智慧结晶？

自古以来，多少仁人志士为了维护人格的尊严和民族气节，以生命为代价！留下了"玉可碎不可污其白，竹可断不可毁其节"的称颂；有多少英雄豪杰，为理想和事业奋斗，面对死亡的威胁，大义凛然；有多少爱国壮士面对侵犯祖国的列强，挺身而出而献出生命。

伟大的中华民族孕育了五千年的辉煌，五千年的历史留下了璀璨的中华文明。

前 言

中国人的血脉流淌着顽强不屈的精神！我们的先辈用血汗和生命铸就了不朽的中华民族魂！换得如今中华大地的一片祥和安宁，换得我们现在的幸福生活。如今，我们要实现习近平主席提出的中国梦，依然需要我们秉承祖辈留下的这种"民族魂"。

青少年是国家的希望，亦是民族的未来。因此，爱国主义教育和励志图强教育要从青少年开始。为了增强对青少年的民族精魂和志向教育，我们精心编写了本套丛书——《民族之魂》丛书。

本套丛书将我国有史以来体现民族精神和民族魂的典型事迹，以通俗易懂的语言故事形式展现出来，适合青少年的阅读水平和欣赏角度。书中提供的人物和事件等故事，涉及社会的各个方面，有利于青少年学习和理解，使读者能全方位地领悟中华民族精神。

为了帮助读者更好地理解和吸收故事的精神，编者在每篇故事后还给出了"心灵感悟"，旨在使故事更能贴近现实社会，让读者结合自身的需要学习领会，引发读者更深入的思考。

希望读者们可以从本套图书中获得教益，通过阅读，真正体会到中华民族之魂所在，同时能汲取其精华，不断提升自己各方面的素质和品格，为祖国新时代的建设和发展做出努力。

全套丛书分类编排，内容详尽，风格独具，是广大读者尤其是青少年爱国励志教育的优秀阅读材料。相信本套丛书一定可以成为青少年朋友的良师益友。

导言

和平是人类一直向往和推崇的最佳生存和交往状态。和平，即用和解的方法、文明的协商方式来解决人与人、集团与集团、民族与民族、国家与国家之间的分歧与矛盾。和平共处的内涵是倡导仁与善，推崇宽容、谅解，反对暴力，反对复仇。和平共处的根基是仁爱。今天，世界各国人民基本上认同非暴力的原则，认同仁爱的原则，相信爱的力量是无比巨大的。这就是和平力量的基础。

中华民族历来爱好和平，这是中华民族优秀传统美德之一。中华民族是个多民族融合的大家庭，在漫长的历史长河中，兄弟民族的关系一直是以和睦相处为主流。爱好和平、和睦相处是中国处理各民族关系的基本准则。历史证明，中华民族之所以能够一次次地衰而复振，转危为安，傲然屹立于世界的东方，是与各民族和睦相处、患难与共的精神联系在一起的。

翻开浩瀚的中国古典书籍，关于"和"的论述和记载数不胜数。两千多年前，先哲孔子曾沿黄河奔波，把"和为贵"的信条四处传播。孟子有道："天时不如地利，地利不如人和。"他也把治理国家、克敌制胜的法宝，归结为人的和衷共济、团结一致。

但这个"和"字，并不是单纯的苟同附和，而是讲究"君子和而不同"。求"和"的过程中绝不盲目求同，而是彼此承认差异，相互尊重和理解，不强迫认同的"和"，是承认各自不同价值观的基础上达成的理解。只有矛盾多样性达到统一，存在差异的不同事物相融相合，彼此平等，和谐相处，才能产生新事物，人类社会才会不断向前发展。这种以"和"相生的理想，是谋求共处的"和"，是化干戈为玉帛的"和"。它博大精深，对世界文化产生着巨大的影响。

在新的历史时期，爱好和平不仅依然是中华民族的信仰，更是处理国际关系、民族关系问题的重要方针。和平与发展不仅是当今世界的主题，还是今后历史大时代永恒的企盼。避免国际社会的动荡，促进各国的共同发展和维护世界的稳定与安宁，是世界各国和全人类崇高的历史使命。

在本书中，我们精心选编了历史上反映和平共处的经典故事以馈读者，希望大家通过对此书的阅读，能够从中受到教益和启迪，对和平以及和平的方式和意义有更深刻的理解；在日常生活、学习和工作中，能够很好地运用和平的方式解决问题，并能够更加关注社会；增加社会责任感和使命感，为构建和谐社会贡献自己的力量。

目录

CONTENTS

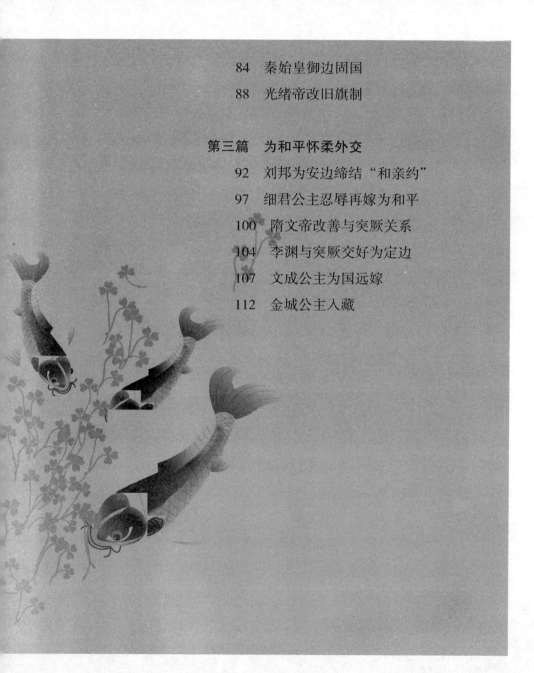

第一篇
中外友好交流

唐朝与新罗友好往来

崔致远（857—？），字孤云，号海云。新罗学者和诗人。少年时曾到唐朝留学，并考中进士。回国后，崔致远曾任侍读兼翰林学士，晚年因对朝政不满而隐居。他致力于传播儒家文化，促进了新罗的学术和文学的发展。著有诗文集《桂苑笔耕》20卷，受到中国文学界的重视。

唐朝初期，生活在朝鲜半岛上的高丽、百济和新罗等国与中国都有商贸往来。

675年，新罗统一了朝鲜半岛的大部分。此后一直到唐末，新罗都始终与唐朝保持着友好的关系，两国互相派遣使节，不断从陆海两路往来。

"受命辞云陛，倾城送使臣"的送别出使新罗使节的诗句，表明了中国人民对出使新罗的重视。新罗王不断派遣使臣带着珍贵的礼物来到长安，唐朝也经常给新罗以名贵的礼品相答赠。开元年间，一次就曾赠给新罗精美的丝织品300段（唐制，凡赐杂彩10段，通常包括丝布2匹，绸2匹，绫2匹，缦4匹）。

新罗还派遣了大批的留学生来长安学习，在唐朝的外国留学生中，以新罗人最多，837年旅唐的新罗学生就多达216人。到840年，学成归国的新罗学生一次就有105人。从821年至唐末，新罗留学生参加唐朝科举考试考取"宾贡"（意为外籍进士）的共58人。

崔致远12岁时被派遣到唐朝，18岁时中进士，29岁时返回新罗。他用汉文写的《桂苑笔耕》20卷，保存了不少当时中国的史料，至今还是我们研究唐朝历史的宝贵资料。它被著录于《新唐书·艺文志》，说明在当时就已受到重视。新罗留学生回国时带回去许多我国的文化典籍，在吸收传播唐文化上起了很大作用。

唐朝同朝鲜半岛的贸易往来也相当繁盛，新罗商人来唐贸易的很多，北起登州（今山东蓬莱）、莱州（今山东莱州），南到楚州（今江苏淮安）、扬州，都有他们的足迹。楚州有新罗馆，莱州等地有新罗坊，是新罗人集中侨居的地方。新罗商人给唐朝带来牛、马、苎麻布、纸、折扇、人参等，从唐朝贩回丝绸、茶叶、瓷器、药材、书籍等。新罗物产居唐朝进口的首位。

新罗人民在与唐朝的往来过程中，广泛研究中国的政治、历史、哲学和天文、历法、医学等；而中国的政治、经济制度等，对新罗的发展影响也很大。

8世纪中期，新罗仿效唐朝的政治制度，改建了自己的行政组织，设立了中央执事省，相当于唐朝的尚书省；执事省下设三府三部，相当于唐朝的六部。到了8世纪的晚期，新罗也仿效唐朝，采用科举制度来选拔官吏，以儒家经典作为考试的内容。新罗的都城平壤也是仿照长安、洛阳建成的，也像唐朝一样，分为宫城、皇城和外郭城。

675年，新罗开始采用唐朝的历法。新罗的医学博士还尝试用《本草经》等中国医书来教授学生。当然，朝鲜的文化对唐朝也产生了一定的影响。比如他们的音乐就很受我国人民的欢迎，唐太宗设置的十部乐，其中一部就包括高丽乐。

唐朝和新罗的密切往来令双方结下了深厚的友谊，那些学者和使节在传播双方制度和文化中也起到了很大作用。

崔致远求学

唐朝时期，大唐王朝是当时世界上最为强盛的国家，疆域辽阔，物产丰富，文化事业高度发达。贞观元年，大唐就已经开始对外国学生开放科举考试了。也就是说，外国留学生也可以在唐朝考取功名，登科及第，考中后被称为"宾贡进士"。这一开明政策引得四方异域学子纷至沓来，入唐留学蔚然成风。

来唐朝的留学生们，都在一所被称为"国子监"的大学里学习，这也是当时在世界上颇具盛名的国际性大学。据史料记载，国子监里可以容纳3000多名学生，留学生人数众多，尤其以新罗、日本的留学生居多。而留学生的学习经费，主要由实力雄厚的大唐出资。即使是自费前来的学子，也同样能够获得资助。

崔致远来唐时，唐朝已进入晚唐时期，虽然不再有盛唐时的气宇恢宏，但盛世的余荫犹在。少年崔致远进入国子监学习，虽然那里有数百名来自同一国度的同学，但激烈的竞争局面也难以排遣他灵魂深处的孤独。不过，崔致远聪明上进，874年参加科举考试，便一举及第。金榜题名的崔致远终于学有所成，可稍稍卸下多年的重负，回报故国父老的殷殷厚望了。崔致远及第的佳音传到新罗庆州，崔氏家族非常高兴，举族同庆。

鉴真东渡日本交流

鉴真（688—763），俗姓淳于。扬州江阳县（今江苏扬州）人。中国唐朝僧人，律宗南山宗传人，日本佛教律宗开山祖师，著名医学家。日本人民称鉴真为"天平之甍"，意为他的成就足以代表天平时代文化的屋脊（意为高峰）。晚年受日僧礼请，东渡传律，履险犯难，双目失明，终抵奈良。在传播佛教与盛唐文化上，有很大的历史功绩。

我国唐朝时期，疆土辽阔，经济繁荣，中国和日本的友好往来与文化交流也达到了空前繁荣。为了能够学到唐朝的政治制度和博大精深的文化，自唐太宗贞观年间开始，日本就多次派遣遣唐使到中国来。其中成行的就有13次之多，还有一次是派到唐朝的"迎入唐使"（赴唐的日使，久未归国，派使团前往迎接），两次是"送唐客使"（送回唐朝的专使）。在这些使团当中，有许多是留学生，还有一部分留学僧，其中不乏好学之士和学识渊博之人。

当然，唐朝也不断有人东渡日本进行中日文化交流，其中贡献最大的就是鉴真和尚。

鉴真俗姓淳于，14岁时进扬州大云寺，跟随闻名天下的智满禅师受戒学禅门。在名师的指引下，鉴真的学业突飞猛进。3年后，他离开大云寺，到达越州（今浙江绍兴）的龙兴寺学习戒律，并受"菩萨戒"。

唐中宗景龙元年（707年），鉴真云游四方求学，曾到过洛阳、长安等地。景龙二年（708年），在鉴真20岁时，由律宗法师弘景主持，他受了"具足戒"。此后，鉴真不断刻苦钻研佛教经义，对律宗也有很深的研究。733年，鉴真被誉为江淮一带的受戒大师，在佛徒中地位很高，成为一方的宗首。

唐玄宗开元元年（713年），鉴真回到扬州大明寺宣讲戒律。当时，前来听他讲经和由他受戒的弟子就达4万人之多。这时，鉴真已是学识渊博、威望很高的佛学大师了。而且，他还不断组织僧人抄写经书，数目多达3.3万卷；他还设计建造过寺院80多所。因此，日本来到大唐的留学僧都很仰慕他的佛学造诣。

开元二十一年（733年），日本第九次遣唐使来到大唐学习。随团前来的日本留学僧荣睿、普照受日本圣武天皇之命，约请鉴真东渡日本。

唐玄宗天宝元年（742年）十月，荣睿、普照到扬州的大明寺拜谒了鉴真，并表达日本的仰慕之意，说：佛法虽然流传到日本国，但日本还没有传法受戒的高僧，请"大和尚东游兴化"。于是，鉴真问寺内诸僧，有谁愿意应此远请，众僧默然。良久，才有一僧名为祥彦的弟子说："彼国太远，生命难存，沧海淼漫，百无一至。人生难得，中国难生，进修未备，道果未克，是故众僧缄默。"

鉴真听后，说："为法事也。"鉴真去意已定。随后，他就开始了东渡日本的准备。

第一次东渡日本时，鉴真和弟子祥彦等21人从扬州出发，但由于受到官厅的干涉而失败。第二次东渡时，鉴真买了军船，采办了不少佛像、佛具、经疏、药品、香料等，随行的弟子和技术人员也多达85人。可是船刚刚出长江口，就遭遇到风浪被击损，不得不返航修理。

第三次东渡出海，航行到舟山海面时，又因航船触礁而告失败。

744年，鉴真准备从福州出海，可在前往温州途中又被官厅追及，被强制带回扬州。就这样，四次东渡都没有成功。

748年6月27日，鉴真开始了第五次东渡。他从扬州出发，在舟山群岛停泊3个月后横渡东海时又遭遇台风，在海上漂流了14天后，到达了海南岛南端的崖县。在辗转返回扬州途中，弟子祥彦和日本学僧荣睿都相继去世；鉴真本人也因长途跋涉而染上暑热，并导致双目失明。

唐天宝十二年（753年）十月十五日，日本第十次遣唐使在归国前夕，遣唐大使藤原清河，副使吉备真备、大伴古麻吕和仕唐多年、历任唐光禄大夫、御史中丞、秘书监等职的日本留学生阿倍仲麻吕（汉名晁衡）等也准备回国，他们又一同到扬州延光寺参谒鉴真。藤原大使说："早闻大和尚曾五次东渡日本欲去传教，今日得见，万分荣幸。若大和尚仍有此愿，弟子等有船4艘返日，应用物品俱备，不知肯同行否？"

此时鉴真虽已是66岁高龄的老人，且双目失明，但为了传教授戒，为了中日人民的友好及文化交流，他依然痛快地应允了日方的恳请。

鉴真要再度东渡日本的消息很快在扬州传开了，这时正好鉴真的弟子仁干从婺州（今浙江金华市）到扬州来。得知师父将要远行，便约定由他备船在江头接候。十月二十九日晚，鉴真及弟子工匠等24人从扬州的龙兴寺出发到江头迅即登船启程，出大运河，入长江，直趋苏州黄泗浦（今江苏省常熟县黄泗，即黄歇浦）与日本的遣唐使船队会合。

这次鉴真东渡随身带的物品有如来、观世音等佛像8尊，舍利子、菩提子等佛具7种，华严经等佛经84部300多卷。此外，还有王羲之、王献之的真迹行书等字帖3种。

临行前，鉴真恐经卷有失，十一月十五日与弟子分乘第二、三、四船。直到十一月十六日船队启航前，鉴真才登上大伴古麻吕的船。然而，船队驶入东海后，又被强劲的东北风吹散，第四只船杳无踪影，只有剩下的3只船奋力向前航行。

十一月二十一日，第一、二两船同到冲绳岛，在多弥岛（今日本种子岛）的西南与前天晚上停泊在这里的第三艘船会合。

十二月六日，海上刮起了人们渴望的南风，3只船相继起航顺风前进，而藤原大使与阿倍仲麻吕所乘的第一船因触礁无法行动。鉴真所乘的第二只船发向多弥去，7日后到达益救岛（今日本屋久岛）。停泊候风10天，并等待其余船只。第一船修复后，继续航行。因遇偏北风暴而漂至安南州（今越南境内），全船180余人，死难者达170人，仅大使藤原清河与阿倍仲麻吕等10余人幸免于难。第三船后来也航返日本。

十二月十八日，第二艘船自益救岛出发续航；十九日遇到暴风雨，鉴真等又历经磨难，于十二月二十日中午抵达日本九州萨摩国阿多郡秋妻屋浦（今日本鹿儿岛县）。

十二月二十六日，鉴真等人在日僧延庆的引导下，进入了日本的太宰府，并于次年（754年）二月一日航达日本遣唐使船队的始发港难波（今日本大阪附近）。二月四日，鉴真到达日本首都奈良，受到了日本举国上下的盛大欢迎，日本的皇族、贵族、僧侣等，都前来拜见。

三月，吉备真备以敕使的身份，向鉴真宣读了日本天皇的诏书："大和尚远涉沧波，来到我国，朕不胜欣慰。自今以后，授戒传律都由大和尚担任。"

四月初，在东大寺设戒坛，由鉴真登坛主持，先后为太上皇圣武天皇、皇太后、皇子及400余位僧人受戒。

756年，日本孝谦天皇任命鉴真为大僧都，统理日本全国的僧佛事务。758年，鉴真卸任，被尊称为"大和上"，恭敬供养。759年，鉴真率众弟子仿效中国扬州的大明寺格局，设计修建了唐招提寺;保存至今，被视为日本的国宝，对日本的建筑艺术产生了深远的影响。以后，鉴真就在此受戒讲经，将律宗传给日本僧人，并成为日本律宗的始祖。

鉴真大师虽然双目失明，但他凭借自己的记忆力校对佛经。他还精通医学，凭嗅觉辨别草药，为百姓治病，并留下了一卷《鉴上人秘示》的医书，对日本医药学的发展作出了杰出的贡献。此外，鉴真带到日本的中国佛经印刷品和书法碑帖等，对日本的印刷术、书法艺术都产生了很大影响。

763年，鉴真在日本的招提寺内圆寂。至今，寺内还保留着鉴真的坐像，并成为日本的国宝。这是鉴真的弟子忍基和思托用中国的干漆夹法为他雕塑的。

鉴真在日本生活了10年，为中日文化交流作出了巨大的贡献。

■故事感悟

鉴真在日本讲授佛学理论，传播博大精深的中国文化，促进了日本在佛学、医学、建筑和雕刻水平等方面的提高，受到了中日两国人民和佛学界的尊敬和爱戴。

■史海撷英

鉴真在日本

758年，日本的孝谦天皇在宫廷斗争中失势，被迫传位给淳仁天皇。孝谦天皇曾是鉴真和尚的最主要支持者，他的失势，也令鉴真在日本遭受到排挤。758年，淳仁天皇下旨，以"政事烦躁，不敢劳老"为名，解除了鉴真"大僧都"的职位，并将在宫廷斗争中败死的原皇太子道祖王的官邸赐给鉴真。次年，鉴真的弟子在该官邸建成了一座寺院，淳仁天皇赐名"唐招提寺"。从此鉴真就从东大寺迁居至此。淳仁天皇下旨，日本的僧人在受戒之前，都必须前往唐招提寺内学习，从而使得唐招提寺成为当时日本佛教徒的最高学府。

■文苑拾萃

赞鉴真

郭沫若

鉴真盲目航东海，一片精诚照大清。
舍己为人传道艺，唐风洋溢奈良城。

陈诚5次出使西域

陈诚（1365—1457），字子鲁，号竹山。吉州吉水（今江西吉水）人。大明洪武二十七年（1394年）中进士，授行人。北平求贤，山东蠲租，安南谕夷，皆能不辱使命。永乐初以吏部主事升任员外郎。屡次奉命，或随中官李达、鲁安或与助手李暹等出使西域，功绩卓著，升迁为广东布政司右参政。永乐皇帝之子朱高炽即位后，宣布"停止四夷差使"，明初东西交通的黄金时代从此结束。陈诚被解职，退休回乡，优游林下30余年，以93岁高龄卒于家。有《竹山文集》传世。

15世纪时，中国历史上最伟大的事件就是郑和庞大的船队七下西洋。郑和下西洋的壮举，在当时并非一个孤立的事件。在郑和开拓西洋的同时，在陆地上，明成祖朱棣加大力量开通西域。在诸多出使西域的使者中，最有名的当属陈诚。

在今天，明代郑和七下西洋的故事，仍为人们所津津乐道；然而陈诚5次出使西域，却不被重视，甚至是饱受冷落。其实，元末明初的丝绸古道上仍不减汉唐的繁盛气象。明初，崛起于撒马儿罕（今乌兹别克斯坦东南部)的帖木儿汗自称为蒙古成吉思汗的继承者。大明洪武年间，他虽然向明太祖朱元璋称臣纳贡，但却扣留明朝使者达10年之久。大明永乐三年(1405年)，他又率兵20万拟东侵明朝，可惜途中病死。其子沙哈鲁继位(驻哈烈，今阿富汗西北部之赫拉特)后，才开始奉行友好的外交方针。于是，雄才伟略的永乐大帝不失时机地积极应对，决定挑选英才出使西域，继承和发扬张骞在西域所建立的光辉功业，陈诚荣膺其选。

陈诚5次出使西域的经历：

第一次：1396年(大明洪武二十九年三月至九月)，陈诚奉明太祖朱元璋之命，出使撒里畏兀儿(今甘肃、青海、新疆交界一带)，重建安定等卫，稳定了西部的政局。

第二次：1413年(大明永乐十一年九月)至1415年(大明永乐十三年十月)，陈诚护送帖木儿帝国的使臣返回哈烈、撒马儿罕等地，并赏赐了沿途的西域诸国王子。

第三次：1416年(大明永乐十四年六月)至1418年(大明永乐十六年五月)，出使地点与使命同前。

第四次：1418年(大明永乐十六年十月)至1420年(大明永乐十八年十一月)，出使地点与使命同前。

第五次：1424年(大明永乐二十二年四月至十一月)，行至甘肃时，闻永乐帝驾崩，奉命返回。

五次出使西域，除了赴撒里畏兀儿重建安定卫，安抚葱岭以东天山南北旧疆诸地外，陈诚的主要使命是与帖木儿帝国建立友好往来关系。

美国学者莫里斯·罗沙比在其所写的《明朝到亚洲腹地的两位使者》一文中指出："永乐年间，有20多次使团来自撒马儿罕和哈烈，有32次使臣来自中亚的其他城镇，有44次使臣来自哈密绿洲和西北部附近。有些中亚商人和官员只到达中国西北境的居民点，未计在这个数字之内。即使如此，永乐在位的21年中，这些使团来访平均每年多达4次以上，可见明朝与中亚各地的亲密关系，这无疑是陈诚这些高度成功的和受到很好接待的使臣促进的。"为此，遥远漫长的丝绸古道上，也再现了商旅相望于途、使节络绎不绝的盛况。

当陈诚第二次出使归来后，他曾向永乐皇帝呈送上两份报告：

一份是《西域行程记》，为出使的日程记录，共5000字，主要以日记的形式记载了万里行程兼及沿途风物、地貌、气候、住地等。陈诚从哈密抵达吐鲁番，又径直向西过天山，到巩乃斯，渡伊犁河，绕过热海（今伊塞克湖），南下到哈烈。

另一份是《西域番国志》，共8000字，分别记载了西域诸国的18处城镇，依次为哈烈、撒马儿罕、俺都淮、八剌黑、迭里迷、沙鹿海牙、塞蓝、达什干、卜花儿、渴石、养夷、别失八里、土尔番、崖儿城、盐泽城、火州、鲁陈城、哈密。这些城镇按地理方位，大体是由西向东，与《行程记》成逆向排列，也就是行程记里取西行历程，山川风物则以东归次序记录。这也是明代亲历西域的唯一文献。被载入了《明实录》。后来明朝修《大明一统志》，清朝修《明史·西域传》等，都多次采用了这些文献，这些文献对于东西交通史和中亚文化史的研究，至今仍有重要的参考价值。

虽然《明史》当中并没有为陈诚立传，但正如史学家谢国桢所说："世徒知郑和之乘槎南洋，而不知陈诚之奉使西域，其功不减于郑和。"

■故事感悟

陈诚5次出使西域的壮举，无疑加强了中国与其他国家的友好联系，推进了东西方文化的交流。陈诚出使西域的贡献和意义正在于此。

陈诚的文学造诣

明代的陈诚是个文学造诣很高的人。为了抒发"书生不惮驱驰苦，愿效微劳答圣朝"的心志，他在出使途中写下不少西行诗文，对西域的风光也多有描述。

比如，《哈密城》："荒村漠漠连天阔，众木欣欣向日荣。"《火州城》（高昌故城）："高昌旧治月氏西，城郭萧条市肆稀。遗迹尚存唐制度，居民争睹汉官仪。梵官零落留金像，神道荒凉卧石碑。征马不知风土异，隔花犹自向人嘶。"《崖儿城》（交河故城）："沙河二水自交流，天设危城水上头。断壁悬崖多险要，荒台废址几春秋。"这些都充分体现了他深厚的文学造诣。

陈诚诗二首

（明）陈诚

（一）《火焰山》

一片青烟一片红，炎炎气焰欲烧空。
春光未半浑如夏，谁道西方有祝融。

（二）《鲁陈城》

花凝红杏胭脂浅，酒压葡萄琥珀浓。
古塞老山晴见雪，孤村僧舍暮闻钟。

朱元璋与邻国友好往来

朱元璋（1328—1398），原名重八，后取名兴宗。汉族。濠州（今安徽凤阳县东）钟离太平乡人。明王朝的开国皇帝。25岁时参加郭子兴领导的红巾军反抗蒙元暴政。龙凤七年（1361年）受封吴国公，龙凤十年自称吴王。元至正二十八年（1368年），在基本击破各路农民起义军和扫平元的残余势力后，于南京称帝，国号大明，年号洪武，建立了全国统一的封建政权。朱元璋统治时期被称为"洪武之治"，死后葬于明孝陵。

明朝建立初期很重视与周围睦邻的友好往来。洪武二年（1369年），明太祖朱元璋派吴用、颜宗鲁、杨载等出使占城、爪哇、日本等国。以后，朱元璋每年都会派几起使臣出使邻国。同时，外国使团也不断地来中国朝贡。因此，明朝初期出现了"洪武初，海外诸藩与中国往来，使臣不绝"的繁盛景象。

从表面上看，明王朝与周边的邻国是一种宗藩关系，即周边的国家要向明王朝"称藩纳贡"，受到明朝的册封，并由明朝进行封赏。但事实上，这种宗藩关系只是维系明朝与周边国家友好关系的一种形式，主要是为了显示中国的富裕与封建大国的泱泱风度，并不具有统治与被统治的关系。

在与周边国家的外交往来过程中，明太祖朱元璋亲自制定并贯彻了"厚往薄来"的原则。所谓"厚往"，就是受贡国要给予朝贡国丰厚的赏赐。他说："诸蛮夷酋长来朝，涉履山海，动经数万里。彼既慕义来归，则赏予之物宜厚，以示朝廷怀柔之意。"因此，朱元璋对前来朝贡的邻国，不仅要回赐给国王礼品，还会赏赐来国的使者和从人，甚至主动遣使，携带厚礼到外国进行赐赠。这些都充分体现了朱元璋"朝贡无论疏数，厚往而薄来可也"的怀柔方针。

但是，"厚往薄来"其实是一种不平等的交往，因为这意味着朝贡国获利丰厚，而受贡国却要承受损失。朱元璋虽然也很明白这些来贡国"虽云修贡，实则慕利"，但为了维护大明王朝的威仪，获得"万邦来朝"的虚誉，仍然坚持厚赐重赏的方针。后来虽然因为得不偿失，亏损太大，曾做出一定的限制，如规定高丽、安南等国不可朝贡太勤，"令遵三年一贡"之礼，"奉贡之物，不必过厚"等。但厚往薄来的原则并没有得到根本性的改变。

对于睦邻友好的和平外交方针，明太祖朱元璋不但自己身体力行，还特地撰写"祖训"，并正式颁布，要求后世子孙也要严格遵守，坚决贯彻。他在洪武二年（1369年）所颁的《皇明祖训·箴戒章》中，就曾对外交原则做了如下阐述：

"四方诸夷，皆阴山隔海，僻在一隅。得其地不足以供给，得其民不足以使令。若其自不揣量，来扰我边，则彼为不祥。彼既不为中国患，而我兴民轻伐，亦不祥也。吾恐后世子孙，倚中国富强，贪一时战功，无故兴兵，致伤人命，切记不可。"

与此同时，朱元璋还将朝鲜、日本、安南、真腊、暹罗、占城、苏门答腊、爪哇、溢亨、百花、三佛齐、渤泥等15国，列为不征之国，并在洪武四年（1371年）再一次重申了上述原则。

■故事感悟

朱元璋对明朝初期外交政策的坚持与执著，对保持明初睦邻友好外交政策的边疆性、促进中国与亚非各国的友好关系发展，起到了重要的作用。

■史海撷英

朱元璋重视教育

朱元璋是个很重视教育的皇帝，他曾要求直接担任教育工作的各级"教师"必须负起责任。洪武十五年（1382年）四月，朱元璋任命吴颛为国子监祭酒，亲自抓教育问题。当时，"国立大学"的生源一部分是公侯、功臣的子弟，一部分是从全国范围内选拔出来的有才华之人，因此对这些人的管理具有很大的难度。朱元璋对吴颛说，要搞好教育，就必须"师道严而后模范正，师道不立则教化不行，天下学校就无从效仿"。意思是说，教师必须对学生大胆管理、严格教育。然而，吴老先生并没有按照朱元璋的旨意办事，任祭酒不到一年，就因为治纪不严、放纵不爱学习的武臣子弟，被朱元璋给罢免了。

明成祖派郑和七下西洋

明成祖朱棣（1360—1424），安徽凤阳人。是明朝第三代皇帝，明太祖朱元璋第四子。生于应天，时事征伐，并受封为燕王。后发动靖难之役，起事攻打侄儿建文帝，夺位登基。死后原庙号为"太宗"，嘉靖十七年（1538年）九月，由明世宗朱厚熜改为"成祖"。明成祖的统治时期被称为"永乐盛世"。

明成祖朱棣在统治大明王朝时，曾继往开来，实行开放，进一步发展了睦邻友好的外交关系。

靖难之役之后，朱棣如愿以偿地登上皇帝的宝座。为了巩固自己的统治，平息统治阶级内部的矛盾，他一方面采用铁血手腕镇压始终奉建文为统的反对派；另一方面则又处处"恪守祖训"，按照祖宗的章法办事，以赢得统治阶级内部绝大多数人的支持和拥护。

同时，朱棣还采取了各种"宽仁"的政策，以求尽快发展生产、恢复经济、稳定民心。国内外的政治经济形势，也决定了明成祖朱棣在内政外交上必然要继承太祖朱元璋的遗训，对内继续推行"休养安息"的基本国策，对外则积极施行"定德化、怀远人"的和平外交政策。

为此，明成祖朱棣在统治时期，继承了朱元璋所制定的一系列睦邻友好的外交政策。

在指导思想上，明成祖同样反对武力扩张，主张休养生息。他送故迎新，指出汉武帝穷兵黩武、大肆扩张所造成的严重危害，明确表示："朕今休息天下，唯望时和岁丰，百姓安宁。至于外夷，但思有以备之，必不肯自我扰之，以罢弊生民。"可见，在内政外交指导思想上，明成祖与明太祖的思想是一脉相承的。

在具体实践中，即位之初（1402年），明成祖就积极开展各种外交活动，"遣使以即位诏谕朝鲜"。同年九月，他又"遣使以即位诏谕安南、暹罗、爪哇、琉球、日本、西洋、苏门答腊、占城诸国"。据史料记载，在明朝的永乐元年（1403年），明成祖至少派出10批使者分赴各国；到永乐二年至三年间（1404—1405），又派出6批使者到安南、占城、婆罗、爪哇、朝鲜等十多个国家，而且赏赐的规格也远远比明太祖时期更高。

如此频繁的出使，目的只有一个，那就是赍敕往谕，宣扬明成祖朱棣和平友好的外交政策，通过往赐诸王，以示怀柔；同时招徕进贡，发展与诸蕃的友好关系。

与明太祖时期有所不同的是，明成祖朱棣变洪武后期被动等待诸国来明朝贡为主动遣使上门怀柔。因此，这一时期的和平外交效果更为显著。凡是使臣所到之国，基本上都与明朝建立了友好的朝贡关系。

据统计，从永乐元年（1403年）二月至永乐二十一年（1423年），明成祖先后派出的使节有姓名可考者即有杨渤、郑和、王景弘、陈诚等50余名。而在明初的洪武、永乐、洪熙、宣德、正德五朝中，总计出使184次，永乐一朝就有61次，占出使总数的38.77%；而各国来朝次数总计694次，永乐一朝就有318次，占总数的45.82%。可见，永乐一朝的外交活动规模之大、人数之众、次数之多，不仅在明代，在整个中国封建王朝的历史当中，都是首屈一指的。

此外，明成祖朱棣还对明太祖朱元璋的外交政策进行了一定的开拓和发展。

首先，他放宽海禁，对海外朝贡国家实行了较为开放的政策。

明太祖后期，曾厉行海禁，严禁人民私自出海进行各种贸易活动，结果使沿海人民断绝了衣食来源，不得不铤而走险，"联结作乱"，导致祸乱无穷。

明成祖即位之初，就曾两次发布"遵洪武事例禁治"的诏令，其中包括海禁在内。但自从永乐三年（1405年）以后，明成祖便逐步放宽海禁，不断发布有利于发展中外交往的上谕，对海外朝贡国家实行较为开放的政策。他曾在上谕中宣称："太祖高皇帝时，诸藩国遣使来朝，一皆遇之以诚，其以土物来市易者，悉听其便，或有不知避忌而误干宪条，皆宽宥之，以怀远人。"虽然是重申了朱元璋"怀柔远人"的外交政策，但实际上却是对外国贡使携土物贸易网开一面。朱元璋曾取消专门从事对外贸易的市舶司，并屡次却贡；而明成祖则在永乐三年（1405年）恢复了被朱元璋罢去的浙、闽、粤三地的市舶司。

又如，日本贡使曾经违反明王朝的禁令，私自运各种兵器到宁波出售，但朱棣却以贡使远来，带货以助路费为由，免予惩治。

此外，如果外国使团"以私物与百姓互市"，也能得到免税优惠。这一政策也吸引了大批的外国商人纷纷随贡使来华进行贸易，甚至有一些私商冒充贡使，借朝贡之名牟利。

正因为明成祖采取了放宽海禁、实行较为开放的政策，因此终永乐一朝，西洋共有30多个国家与明建立了友好的朝贡关系。永乐十四年（1416年）和十七年（1419年），就曾两次出现古里等17国、19国齐来朝贡的壮观场面。其中一度朝贡人数最多达到1200人，形成了"诸蕃使臣充斥于廷"的空前盛况。

其次，明成祖精心部署，直接指挥郑和进行下西洋的活动。

郑和下西洋是中国和世界航海史上的伟大壮举，也是中外关系史上的空前伟业。这一壮举之所以能够在永乐年间出现，并前后绵延近30年之久，与明成祖朱棣实行比较开放的外交政策，精心部署，认真组织和直接指挥郑和下西洋活动是分不开的。

郑和前后共7次下西洋，其中6次都在永乐一朝。从下西洋的动议、决策、主使人选的确定、远航舰船的制造，直到下西洋人员和太监们的日常生活费用的支出，明成祖无不亲自过问，给予批示。而郑和使团每一次下西洋具体任务的确定，以及重大事件的处理等，也无不由明成祖亲自宸断决策。

比如在永乐四年（1406年），郑和第一次下西洋回国时，曾生擒海贼陈祖义等三人，械至京师。明成祖亲自下令："命悉斩之。"

又如，爪哇西王曾经侵略成性，狂妄自大，对四邻造成了严重的威胁和伤害，甚至擅杀郑和使团官兵170余人。在郑和多次义正词严的谴责下，他不得不表示畏服，愿以黄金6万两谢罪。但是，后来他仅付黄金1万两，尚有5万两无力支付。明成祖对这件事处理得十分高明。他既对爪哇西王的恶劣行径予以严厉申斥，同时又从实际情况和两国关系的长远利益出发，对其无力支付部分给予了宽免，令爪哇西王心服口服。

他在上谕中说："朕于远人，欲其畏罪而已，岂利其金耶？今既能知讨，所贡金，悉免之。"因此仍遣使赍敕谕意，并赐之钞币。这种处理措施，既体现了维护国家尊严的原则性，又在具体问题处理上给予他国宽大豁免的灵活性，从而取得了良好的政治效果，从根本上改善了明王朝与爪哇的关系。爪哇西王由此也感恩戴德，从此年年朝贡不断。

郑和按部就班地执行明成祖的外交政策，卓有成效地推动了明朝与亚非各国睦邻友好关系的发展。郑和下西洋是明代对外关系史上的一件大事和盛事，对当时和后世产生了广泛而深远的影响。而郑和下西洋之所以能够获得巨大成功，其根本原因就在于明初统治者制定了一系列比较开放的符合客观情况的和平外交政策；同时也因为选择了郑和这样一位忠于职守、有胆有识、具有非凡智慧和才能的外交家。

□故事感悟

明成祖派遣郑和下西洋，与亚非等30多个国家广泛地建立了外交关系，进行商品贸易，促进经济文化交流，产生深远影响。同时，明成祖也成就了郑和，使其成为我国历史上杰出的航海家，他的7次下西洋活动也是我国航海史上的壮举，为明朝与所到国家建立良好关系打下了基础。

□史海撷英

明成祖的3次北伐

明成祖朱棣即位后，为了彻底解决蒙元贵族的残余势力，从永乐八年（1410年）开始，亲自率领明军进行北伐。

这次北伐，明军在飞云山大战中击破了5万蒙古铁骑，迫使蒙古本部的鞑靼向明朝称臣纳贡。明成祖封鞑靼大汗为和宁王。随后，明朝大军又长驱直入极北的擒狐山，在巨石上刻下"瀚海为镡，天山为锷"的字迹。

永乐十年（1412年），明成祖举行第二次北伐，击败了蒙古的瓦剌一部。瓦剌遣使谢罪之后，明成祖遂班师回朝。

永乐十七年（1419年），明成祖又举行了第三次北伐，大败兀良哈蒙古。蒙古势力在遭到明朝的连续打击后，此后数十年都无法对明朝构成威胁。

□文苑拾萃

石将军战场歌

（明）李梦阳

清风店南逢父老，告我己巳年间事；
店北犹存古战场，遗镞尚带勤王字。
忆昔蒙尘实惨怛，反覆势如风雨至；
紫荆关头昼吹角，杀气军声满幽朔。
胡儿饮马彰义门，烽火夜照燕山云；
内有于尚书，外有石将军。
石家官军若雷电，天清野旷来酣战；
朝廷既失紫荆关，吾民岂保清风店。
牵爷负子无处逃，哭声震天风怒号；
儿女牀头伏鼓角，野人屋上看旌旄。
将军此时挺戈出，杀敌不异草与蒿；
追北归来血洗刀，白日不动苍天高。
万里烟尘一剑扫，父子英雄古来少；
单于痛哭倒马关，羯奴半死飞狐道。
处处惧声噪鼓旗，家家牛酒犒王师；
应迫汉室嫖姚将，还忆唐家郭子仪。
沉吟此事六十春，此地经过泪满巾；

黄云落日古骨白，沙砾惨淡愁行人。

行人来折战场柳，下马坐望居庸口。

却忆千官迎驾初，千乘万骑下皇都；

乾坤得见中兴主，杀伐重闻载造图。

姓名应勒云台上，如此战功天下无！

呜呼战功今已无，安得再生此辈西备胡。

利玛窦在中国

利玛窦（1552—1610），意大利的耶稣会传教士、学者。明朝万历年间来到中国居住。其原名中文直译为玛提欧·利奇，利玛窦是他的中文名字，号西泰，又号清泰、西江。王应麟所撰《利子碑记》上说："万历庚辰有泰西儒士利玛窦，号西泰，友辈数人，航海九万里，观光中国。"

1577年（明万历五年），利玛窦报名参加了耶稣会前往印度的传教团。利玛窦具有丰富的神学、哲学、历史和自然科学知识。在葡萄牙候船期间，他又进入耶稣会训练东方传教团的中心进行了短暂学习。1582年（明万历十年）4月，利玛窦从印度果阿出发，4个月后到达了澳门。

1583年（明万历十一年），利玛窦和罗明坚（也是一位意大利的传教士）到了广东肇庆，并很快与肇庆知府王泮搞好了关系，被批准择地居住和修建教堂。教堂修成后，总督与知府先后张贴告示，禁止任何人在此扰乱。肇庆府的其他官员也争相与这两位神父交往。但是，当地的士绅百姓与他们却存在着较深的隔阂，称他们为"番僧"，彼此间不时地发生矛盾冲突。

为了缓解当地百姓的敌对情绪，利玛窦等人决定暂时不谈宗教。他们开始穿起中国式的大褶长袍，还出重金聘请当地有名望的学者向他们介绍中国的情况，讲解经书，以便与中国知识分子建立更多的共同语言。与此同时，他们还用西方的先进科学技术、新奇的西洋物品等吸引中国人，博取当地民众的好感。他们积极学习中国文化，将天主教义融合进中国的古代经籍之中，从《中庸》《诗经》《周易》《尚书》等书中摘取有关"天"和"帝"的条目，比做西方天主教义中的天主。

　　为了吸引中国人的目光，利玛窦还公开展览了西方先进的机械制造产品和科技成果，如钟表、三棱镜、圣母像、地图等。为迎合中国人"中国是中央帝国"的观念，利玛窦还改变了世界地图在西方的原始面貌，使中国刚好位于地图的中央。这些做法，都引起了中国人浓厚的兴趣，很快，利玛窦的家里就门庭若市了。利玛窦还利用在国内所学的各种知识，致力于制造天球仪、地球仪，从而成为西方先进自然科学知识在中国的传播者。

　　此后，利玛窦又在南昌、南京传教游历10多年，汉语水平也越来越纯熟，而且他也越来越受到中国民俗的深刻影响，结交了许多中国朋友。不过，在大多数人眼里，他仍然只是一个西洋的杂货郎。于是，利玛窦听从了中国朋友的忠告，换上了儒装，一边学习翻译中国的四书五经，一边接近中国的士大夫阶层，如徐光启等人。他颂扬中国文化的博大精深，糅合中西方两种哲学观念，并用先进的科学技术产品敲开了中国贵族、官员们的大门。

　　当然，利玛窦更关心的是教会能否在整个中国进行发展。1600年（明万历二十八年），利玛窦带领部分随行人员再次向北京进发，并于1601年1月24日抵达北京。

　　明万历皇帝对利玛窦送给他的礼物很感兴趣，特地在皇宫内为自鸣钟盖了一座钟楼。当万历皇帝第一次看见那座高大的自鸣钟时，钟还没有调好，他就立刻召见神父们。其实，他不仅对传教士们进贡的礼物有兴趣，他更想看看这些送礼的外国人是什么样的。但最后他并没有亲自接见这些传教士们，而是派了两个画师去给利玛窦画了像。后来，传教士们就被允许在北京长期居住了，明政府每隔4个月还给他们发一次津贴。

由于利玛窦等人在北京定居下来，因此传教团的地位在短短几年之内也就变得十分稳定了，天主教的信仰在各地逐渐滋长起来，中国成为利玛窦神父主持下的独立传教区。1610年（明万历三十八年）3月，利玛窦在北京病逝，万历皇帝特地为他在阜成门外拨了一块墓地。

利玛窦的译著主要有《坤舆万国全图》《天学实义》和《几何原本》等。可以说，那时候还没有一个西方人在中国的影响能比得上利玛窦。

■故事感悟

利玛窦是在中国传播天主教的开拓者之一，也是第一位阅读中国文学并对中国典籍进行钻研的西方学者。他除了通过和平方式传播天主教教义外，还广交中国官员和社会名流，传播西方天文、数学、地理等科学知识。他的著述不仅对中西交流有重要贡献，对日本和朝鲜半岛上的国家认识西方文明也产生了深远的影响。

■史海撷英

利玛窦的印度之旅

1578年3月24日，利玛窦从里斯本出发，乘船与其他14名传教士一起前往印度传教。他们一路上绕过好望角，途经莫桑比克，经过6个月的艰难航行，终于在9月13日到达了印度的果阿（葡萄牙在亚洲最重要的殖民地）。在到达果阿之前，船上来自莫桑比克的400名奴隶已经死了13名。

在来到印度之前，利玛窦所听说的印度十分令人神往，在这里传教也比较容易，但是现实的反差却令他大惑不解。1580年，利玛窦给耶稣会的历史学家玛菲写了一封信，信中说道："查看一下有关印度、日本的注释书和地图类，会发现明显的谬误比比皆是。"但是，耶稣会在日本布教非常顺利，而且在印度也发现了一些聂斯托里教派（景教）的信徒。这让利玛窦等人在精神上获得了支撑。

利玛窦在印度和交趾传教4年，其间还在果阿的神学院学习了人文学科。1580年7月26日，他晋升为司铎后，又开始学习神学。在印度，利玛窦认识到应允许当地人学习哲学、教理和神学等欧洲文化，并写信给耶稣会总部提出了这个问题。他认为，倘若"阻拦他们与他人为伍担任职务——通过学问而出人头地——我担忧他们会憎恨我们，而我们耶稣会在印度的主要目的，感化异教徒使他们皈依我们神圣信仰的使命将会化为泡影。"他的这种观点，在他的一生当中都没有改变过，而且这也是他进入中国后所持的态度。罗光所著的《利玛窦传》中说："他能赢得我国士大夫的尊敬亦以此精神故。"

■文苑拾萃

利玛窦墓

利玛窦墓位于北京西城区车公庄大街的路南。墓园里并排竖立着三通汉白玉石碑，墓碑的形制与通常的一样。利玛窦墓只是碑额雕龙花纹的中心，镌刻着代表天主教会的十字徽记，表明该墓的主人是一位虔诚的天主教徒。中间的一通螭首方座碑高2.7米、宽0.94米，为明万历三十八年（1610年）立，碑身的正中刻着"耶稣会士利公之墓"8个大字。右边的碑文是："利先生讳玛窦，号西泰，大西洋意大利亚国人。自幼入会真修，明万历壬辛年航海首入中华衍教，万历庚子年来都，万历庚戌年卒。在世59年，在会42年。"石碑后面是灰身黑顶圆拱式的长方形砖砌坟墓，墓高1.5米、长2.4米、宽1.3米。利玛窦墓的东侧为南怀仁墓，西侧为汤若望墓。

传教士助修中国历法

徐光启（1562—1633），字子先，号玄扈，教名保禄。明朝南直隶松江府上海县人。中国明末数学家和科学家、农学家、政治家、军事家。官至礼部尚书、文渊阁大学士。赠太子太保、少保，谥文定。徐光启也是中西文化交流的先驱之一，是上海地区最早的天主教徒，被称为"圣教三柱石"之首。

晚明时期，随着传教士来华和西方天文、历算学的输入，"中国人从之游且崇信其学者颇多，而李凉庵（即李之藻）、徐元扈（即徐光启）为称首"。对此，沈德符也曾谈到"自利玛窦入都，号精象数，而士人李之藻等皆授其业"。不仅如此，徐光启、李之藻、周子愚等人，还向明朝政府积极推荐传教士，令他们参与到明朝历法的修订过程中。

万历三十八年（1610年）十一月，钦天监推测再次出现重大失误："初钦天奏称日食七分有余，未正一刻初亏，申初三刻食甚，酉初初刻复圆。春官正戈谦亨等又称，未正三刻初亏。已互异矣。既而兵部员外范守己驳之，谓亲验日晷，未正一刻不亏。至正、二正、三正四刻俱然。直至申初两刻，始见西南略有亏形。至申正两刻方甚，且不止七分有余。盖历官前后俱误也。"这次失误也使请求改历的意见更加强烈。同西方天文、历算学有过接触的钦天监五官正周子愚，于是上疏推荐庞迪我（西班牙人，1599年来华）、熊三拔（意大利传教士，1606年来华）等传教士参与修历。疏中说："大西洋归化远臣庞迪我、熊三拔等，携有彼国历法，多中国典籍所未备者。乞视洪中译西域历法例，取知历儒臣率同监官，将诸书尽译，以补典籍之缺。"

万历四十一年（1613年），李之藻也上疏力荐庞迪我等来华传教士参与修历，疏中说："今迪我等年龄向衰，乞敕礼部开局，取其历法，译出成书。"

此时，由于"庶务因循，未暇开局也"，之后"南京教案"发生，传教士被勒令回国，改订历法这件事也就一直没有被提到日程上来。

崇祯皇帝继位后，"历法益疏舛"。崇祯二年（1629年）五月初一日日食，徐光启依西法和钦天监官员依《大统历》《回回历》同时推算，"已而光启法验，余皆疏。帝切责监官"。崇祯皇帝在五月初三又传谕内阁："钦天监推算日食前后刻数俱不对。天文重事，这等错误，卿等传与他，姑恕一次，以后还要细心推算。如再错误，重治不饶。"

徐光启抓住时机，向崇祯皇帝详尽地叙述了采用西法修改《大统历》的必要性。他说："近世言历诸家，大都宗郭守敬法，至若岁差环转、岁实参差，天有纬度，地有经度，列宿有本行，月五星有本轮，日月有真会、视会，皆古所未闻，唯西历有之。而舍此数法，则交食凌犯，终无密合理。宜取其法参互考订，使与《大统历》会通归一。"

崇祯二年（1629年）七月二十六日，徐光启上疏，推荐龙华民（意大利人，1597年来华）、邓玉函（日耳曼人，1620年来华）参与修历。疏中说："万历间西洋天学远臣利玛窦等尤精其术，（万历）四十等年曾经部复推举，今其同伴龙华民、邓玉函二臣，见居赐寺，必得其书其法，方可以校正讹谬，增补阙略。盖其术业既精，积验复久，若以大统旧法与之会通归一，则事半功倍矣。"

这时候，李之藻也乘机进言："唯西法精密，悉合天象，历试不爽。昔年天学臣利玛窦最称博洽，其学未传，遽婴疾弃世，至今士论惜之。今尚有其徒侣邓玉函、龙华民等，居住赐宇，精通历法天文，宜及时召用，饬令修改。"

此时，钦天监的官员因担心受到崇祯皇帝惩治，也主动要求修改历法。而崇祯皇帝其实也意识到，不用西洋历法就不能纠正《大统历》的差误。于是就批准了礼部和徐光启等人的建议，同意开设历局修历，由徐光启督修；并根据徐光启的推荐，"诏西洋人龙华民、邓玉函、罗雅谷等推算历法"。

崇祯二年（1629年）九月一日，徐光启奉旨督领修历事务，筹建历局，开始编撰历书。开始时，历局的西方传教士只有龙华民、邓玉函两人，但龙华民的兴趣主要放在传教上，修历工作实际都落在了邓玉函的肩上。邓玉函病逝后，徐光启又上疏征召汤若望（日耳曼人）、罗雅谷（意大利人，1622年来华）入局参与修历。这样，便先后有龙华民、邓玉函、汤若望和罗雅谷4位传教士应徐光启邀请，进入历局参与修历工作。

历局成立以后，邓玉函、龙华民等传教士和徐光启随即着手翻译西洋天文学著作。仅用了一个多月时间，"至十月二十七日计一月余，所著述翻译《历说历表》稿草7卷。忽因警患，臣光启屡奉明旨，拮据兵事，因之辍业，独两远臣与知历人等自行翻译，复得诸色《历表》稿草8卷"。邓玉函、龙华民等西方传教士与徐光启的合作方式，按照徐光启的说法，是"臣等藉诸臣之理与数，诸臣又借臣等之言与笔，功力相倚，不可相无"。

在明末来华的传教士当中，邓玉函是最博学的，"未来中国之前，他已名满日耳曼，医学、哲学、数学以及希伯来、加尔代、拉丁、希腊、德、英、法、葡文字，无一不精"。加入历局后，邓玉函的工作效率相当高。他不仅参与设计了历书的总体框架，还在半年时间里撰述了《测天约说》两卷、《大测》两卷和《历书总目录》，编写各种换算表10卷，还指导历局人员制造七政象限大仪两座、测量纪限大仪一座。主持历局工作的徐光启对邓玉函非常器重和依赖，称邓玉函"历学专门，精深博洽，臣等深所倚仗"。

然而，正当徐光启等人"方愁精力有限，岁月易销"之时，在修历初期发挥了重要作用的邓玉函却于崇祯三年（1630年）四月初二日不幸病逝。为避免邓玉函的病逝影响历书的编译工作，五月十六日，徐光启专门上疏，指出汤若望和罗雅谷两人"其术业与邓玉函相埒，而年力正强，堪以效用"。很快，崇祯皇帝就给出指示："历法方在改修，汤若望等既可访用，着地方官资给前来。"

在进入历局之前，汤若望就"曾预测月食三次，皆验，声望立即四播"。他和罗雅谷一进入历局，就开始积极从事历书的编译工作，"译撰书表，制造仪器，算测交食躔度，讲教监局官生，数年呕心沥血，几于颖秃唇焦"，可谓是以身作则，不辞劳苦。

继徐光启之后，主持历局和历书编译工作的李天经（原山东参政，后调京协助徐光启修历）上疏充分肯定传教士的贡献，说他们"融通度分时刻于数万里外，讲解躔度食于四五载中，可谓劳苦功高矣！"历书于崇祯七年（1634年）十二月完成，"以崇祯元年戊辰为历元，名之曰《崇祯历》"。编译成的历书先由徐光启亲自进呈3次，徐光启逝世后又由李天经继续进呈两次，共计137卷。

虽然《崇祯历书》编成后"屡测交食凌犯俱密合"，但魏文魁等守旧历法家仍"多方阻挠，内官实左右之"，再加上崇祯皇帝优柔寡断；所以直到崇祯十四年（1641年）十二月，经过多次验证，崇祯皇帝才"深知西法之密"，并于崇祯十六年（1643年）颁诏推行《崇祯历书》。

但可惜为时已晚，"未几国变，竟未施行"。

为表彰邓玉函、龙华民、汤若望、罗雅谷等西方传教士在修历中的突出贡献，崇祯十四年（1641年），崇祯皇帝谕吏部议赐爵秩。然而，汤若望等传教士以"不婚不宦，九万里远来，唯为传教劝人，事奉天地万物真主，管顾自己灵魂，望身后之永福"为由固辞，请求崇祯帝收回成命。崇祯皇帝从其请，并敕礼部将御题"钦褒天学"匾额分赐各省西方传教士，悬挂于各地的天主教堂中。

崇祯十六年（1643年），崇祯帝对"老勤年深"的汤若望加给"酒饭桌半张"，并着吏部另行议其劳绩，又赐"旌忠"匾额一方。

可以说，明末来华的西方传教士参与编译的《崇祯历书》，成为明清之际西学东渐渐趋高潮的重要标志。在《崇祯历书》编成后的一个世纪当中，《崇祯历书》几乎成了中国天文学家学习西方天文学的唯一源泉和参考资料。

■故事感悟

明末来华的西方传教士为推进天主教在中国的传播，将介绍西方科学作为其传教的重要策略，其中西方天文、历算学是其输入的重点。他们抓住了明代历法失修亟须改革的契机，进入历局，参与《崇祯历书》的编译工作，为明清之际的中西文化交流作出了突出的贡献。

■史海撷英

徐光启与利玛窦

徐光启早就听说了来中国传教的耶稣会会长利玛窦精通西洋的自然科学，因此到处打听他的下落，想当面请教。1600年，徐光启得知利玛窦正在南京传教，即刻专程前往南京拜访。

徐光启见到利玛窦后，对他表示了仰慕之情，并希望向他学习西方的自然科学。利玛窦见徐光启是个读书人，也想向他学习中国古代的文化典籍，并积极发展他为天主教徒。因此，他与徐光启愉快地交谈起来，从天文谈到地理，又谈到中国和西方的数学。临别时，利玛窦对徐光启要求学习西方自然科学的请求未置可否，但却送给他两本宣传天主教的小册子：一本是《马尔谷福音》，讲的是耶稣的故事；另一本是《天主实义》，是利玛窦用中文写的解释天主教教义的书。

万历三十一年（1603年），经过3年的考虑，徐光启终于在南京接受了洗礼，全家都加入天主教。后来，徐光启也成为了天主教会中最为得力的干将。

■文苑拾萃

徐光启墓

徐光启墓位于上海市南丹路上的光启公园内。徐光启生前信仰天主教，因而逝世后他的墓也建在天主教堂的西南侧，现被列为全国文物保护单位。

徐光启是我国研究和介绍西方科学的先驱者，尤其在农业与天文学上的成就极为突出。1633年，徐光启逝世后被葬在当时的法华浜和肇嘉浜汇合处，后其子孙汇居于此，徐家汇也因此得名。

1957年，当地政府对该墓地进行了修整，现墓地有花岗岩雕像。徐光启的雕像为身着官服的石雕胸像，基座则由周谷城题有"徐光启像"4个大字。

朱舜水在日本传播汉文化

朱之瑜（1600—1682），字楚屿，又作鲁屿，号舜水。汉族。浙江余姚人。明末贡生，明清之际的学者和教育家。崇祯末两奉征辟，不就。南明弘光时授江西按察副使，亦不就。清兵入关后，流亡在外参加抗清复明活动。南明亡后，东渡定居日本，在长崎、江户（今东京）授徒讲学，传播儒家思想，很受日本朝野人士推重。著有《朱舜水集》。其学特点是提倡"实理实学、学以致用"，认为"学问之道，贵在实行，圣贤之学，俱在践履"。他的思想在日本有一定影响。

朱舜水是明末清初的著名学者，在中日文化的交流过程中建立了不朽的功勋。

朱舜水从小就聪明伶俐，到了30岁时，已精研史、书、五经等。崇祯十一年（1638年），朱舜水以"文武全才第一"被推荐到礼部，礼部又推举他为"开国以来第一才人"。然而这时，朱舜水目睹世道渐坏，决意远离仕途，潜心进行学术研究。自崇祯末至南明永历末，朝廷曾先后多次征召朱舜水，均被其婉拒。

崇祯十七年（1644年），明朝灭亡，清朝统治者入主中原。为了保卫家园，朱舜水参与了王翊领导的四明山人民反清复明的武装斗争。

为了完成抗清大业，朱舜水曾4次东渡日本，辗转安南（越南）、暹罗（泰国）等地，历经千辛万苦。清顺治十六年（1659年），朱舜水协同抗清名将郑成功入长江北伐。北伐失利后，为保持民族气节，朱舜水强忍心中悲愤，于当年辞别祖国，第五次流亡日本，自誓"非中国恢复，不归也"。

初至日本长崎时，朱舜水举目无亲，又因多年飘零，囊空财尽。在最艰难的时刻，他得到了日本学者安东守约的热情挽留，并敬礼为师，愿将自己菲薄的俸禄分一半来接济朱舜水。朱舜水深为感动，决定在留居的长崎讲学。一年后，朱舜水得到日本当局的首肯，破例特许他居留日本。

留居日本后的朱舜水，也揭开了他生命史上最光辉的一页。他"以极光明俊伟的人格，极平等淹贯的学问，极真挚和蔼的感情"，开始向日本传播中国的传统文化和各种较为先进的实用科学技术知识和技能。"上至列国之君，下逮承学之士，皆待以宾师，执贽恐后。"朱舜水把孔孟誉为"经世致用"的鼻祖，积极提倡以儒学"移风易俗""建学立师"，从而大大促进了日本儒学的发展，使德川幕府时代成为日本儒学隆盛的时代。

朱舜水做学问往往独树一帜。他从总结明朝覆亡的教训、清理宋明理学入手，倡导以实用、实理、实功、实行为主要内容的经世实学，并构建了一整套行之有效的治政学说。为此，朱舜水也非常受欢迎，日本学生也不计其数，而首屈一指的要数安东守约和德川光国。他们在朱舜水的熏陶下，不但精通儒学、礼仪，而且对中国的建筑艺术也有一定的造诣。后来，安东守约成为日本儒学发展的最重要人物之一，德川光国则成为日本水户学派的始祖。康熙十一年（1672年），他们招集四方学者，由朱舜水具体指导，着手编纂鼓吹"尊王一统"之说的《大日本史》，其深刻影响一直延续到200年后的"明治维新"。

朱舜水不但把祖国的汉学带到了日本，还把当时中国先进的农业、手工业、建筑业等技术介绍到了日本；并为日本撰写了《学宫图说》，设计了许多建筑物，凝聚了中国建筑艺术的精华。除此之外，朱舜水还把中国传统的器用食具、衣冠服饰、古升古尺等从图样到制法，都悉心传授给日本的工匠，对当时日本的建筑、奠礼、度量等方面都作出了巨大的贡献。

朱舜水在将中国的文化、技艺传到日本的同时，也非常清楚地看到了日本的长处和优势。他曾明确指出："世人必曰古人高于今人，中国胜于外国（日本），此是眼界逼窄、作此三家村语。"

朱舜水虽然长期住在日本，享有盛名，但他时刻思念故国，念念不忘大海彼岸的故土和同胞，经常遥对祖国，"莫不日向乡而泣"。

康熙二十一年（1682年）四月十七日，朱舜水以83岁高龄离开了人世。四月二十六日，日本人民将他安葬在常陆久慈郡大田乡瑞龙山麓。依中国式作坟，题曰"明徵君朱子墓"，加谥号"文恭先生"，还特地为他刻了雕像。

朱舜水生前所撰写的文章等，后来由国内著名学者马一浮搜集编成了《舜水遗书》29卷，由日本国德川光国父子刊印《朱舜水先生文集》28卷。

■故事感悟

朱舜水用自己的实际行动，为中日学术文化交流做出了不朽的功绩；而他的著作集《朱舜水先生文集》，也留传后世，影响深远。

□史海撷英

朱舜水反清复明

明朝灭亡后，朱舜水一直在为反清复明大业进行着不懈的努力。顺治十七年（1660年），朱舜水受郑成功、张煌言邀请，加入抗清斗争当中。第二年夏，郑成功和张煌言会师北伐，收复瓜州，攻克镇江，朱舜水都亲历行阵。

北伐军一度进军顺利，很快便收复了四府两州二十四县，直抵南京城郊，兵威震动东南。然而，由于郑成功等人目光短浅，盲目地屯兵在南京的坚城之下，贻误了最佳战机，且律兵不严。至七月，北伐军在南京城外被清军击败，郑成功转而退驻福建沿海。后行师海上，不得已而趋兵台湾；张煌言则数年后被捕遇害。

鉴于复明无望，朱舜水又誓死不剃发，"乃次蹈海全节之志"，学鲁仲连不帝秦，漂洋过海东渡日本，永不再回故国。

□文苑拾萃

避地日本感赋

（明）佚名

（其一）

汉土西看白日昏，伤心胡虏据中原。
衣冠虽有先朝制，东海幡然认故国。

（其二）

廿年家国今何在？又报东胡设伪官。
起看汉家天子气，横刀大海夜漫漫。

朝鲜人来华学习

李鸿章（1823—1901），安徽合肥人。亦称李合肥，本名章桐，字渐甫或子黻，号少荃（泉），晚年自号仪叟，别号省心，谥文忠。作为淮军创始人和统帅、洋务运动的主要倡导者之一、晚清重臣，他官至直隶总督兼北洋通商大臣，授文华殿大学士。日本首相伊藤博文视其为大清帝国中唯一有能耐可和世界列强一争长短之人。著有《李文忠公全集》。

1876年，日朝签订了《江华条约》。此后，西方列强接踵而来，朝鲜呈内忧外患之势。面对西方的强烈冲击，朝鲜开始思索自强救国之策，开始学习近代的先进军事科学技术。

1879年10月7日，朝鲜致仕太师李裕元致永平太守游智开一信，希望"拟仿古外国人入学之例，咨请礼部拣选明干人员在天津等处学习军器武备"。11月5日，李鸿章在上奏此事时，认为"该国讲求武备，实难再缓。因缄覆游守，告以所请似属可行"。而其练兵制器，"俾获有成，藉作自强之基，增我藩篱之固"。

尽管朝鲜内部对于派员前往中国学习军械制造提出了诸多问题，如海外诸国留驻北京"非学也，乃通商也"，未有成例；"军器事系于兵部"，而朝鲜来学往教"事系于礼部"，事权难以协调；学徒在津不熟悉情形，容易造成不良影响等。但朝鲜国王坚排众议，认为朝鲜派往中国学习军器制造，"非一非再，则祗论事之紧慢而已，初行与否，有不可顾也。况此事之出于学造备御之策者乎，从当更为处分矣"。

1880年5月，朝鲜国王下旨要求朝中官员以"学行纯笃、吏治优异、技艺精敏、干局通炼、缮造兵械、能解算术"为标准，分别举荐了数人，拟派往天津学习。7月9日，朝鲜国王以讲究武备事，咨请北京礼部，正式提出派员来津学习武备。

到了8月29日，礼部奏朝鲜国王咨称，该国讲究武备，恳为转奏请旨。上谕随即要求李鸿章"妥筹具奏"，并且对朝鲜所请"简选解事人员，或于边外习教一层"详审其意。面对朝鲜派员到津局学造军械的请求，李鸿章基于朝鲜"讲求武备，实难再缓"和"俾获有成，藉作自强之基，增我藩篱之固"两点，全力支持。

9月4日，李鸿章将《妥筹朝鲜武备折》上奏朝廷。朝廷随后于6日发布上谕，明确指出"朝鲜为东北藩服，唇齿相依。该国现拟讲求武备，请派匠工前来天津学造器械，自宜府如所请，善为指引。本日已谕令礼部拣派通事伴送该国斋奏官卞元圭赴津，俾该员到后著李鸿章询问一切情形，再行奏明办理"。

于是在1881年，津局就出现了一群来自朝鲜半岛的诚心求教的学徒们。

□故事感悟

朝鲜人民来我国学习军器制造，加强了两国的密切关系，互通了有无，在技术和材料上实现了透明化和共享，这也更有利于两国的共同进步和发展。

李鸿章结交恩师

李鸿章6岁就进入家馆棣华书屋学习。他少年聪慧，先后拜堂伯仿仙和合肥名士徐子苓为师，攻读经史，为自己日后的发展打下了扎实的学问功底。

然而，最令李鸿章庆幸的是，他在1845年的初次会试落榜后，便以"年家子"的身份投帖，拜在湖南大儒曾国藩的门下学习，从而奠定了他一生事业和思想的基础。

当时，曾国藩正患肺病，居住在城南的报国寺，每日与经学家刘传莹等谈经论道。面对国家的内忧外患，曾国藩在桐城派姚鼐所提义理、辞章、考据三条传统的治学标准外，还旗帜鲜明地提出了"经济"，也就是经世致用之学一条。

李鸿章不仅与曾国藩"朝夕过从，讲求义理之学"，还受命按新的治学宗旨编校了《经史百家杂钞》。所以，曾国藩一再称赞李鸿章"才可大用"，并将他和门下同时中进士的郭嵩焘、陈鼐、帅远铎等一起，称为"丁未四君子"。

太平军起义后，曾、李各自回乡办理团练，曾国藩又把自己编练湘军的心得尽数相教与李鸿章，足见对李鸿章的殷切期望。

第二篇
与邻国和平相处

和平会议先例之"弭兵之会"

楚康王（生卒年不详），芈姓，熊氏，本名熊招，楚共王之子。公元前559至前545年在位，即位5年，担心"国人谓不谷主社稷而不出师，死不从礼"，出兵伐郑。

春秋中后期，晋楚两个"超级大国"为了争夺中原地区的霸权，不断对周围的弱小诸侯国用兵，并形成了晋楚交替争霸的局面。由于晋楚双方在军事实力上旗鼓相当，谁也不能置对方于死地，因而反映在军事行动上就暂时处于了"冷战"状态。

为了摆脱这种尴尬局面，晋楚两国不得不正视现实，化干戈为玉帛，商讨消除兵祸的途径，于是就出现了弭兵的愿望和行动。所谓"弭兵"，即"消除兵祸"的意思，是召开"军备控制"会议。弭兵之会开中国和平会议之先例。

第一次弭兵之会，发生在周简王七年（公元前579年），是由宋国的执政大夫华元提出的。

从公元前591年楚庄王卒至公元前580年的11年间，晋楚两国一方面进行激烈的争夺，另一方面由于战争消耗，双方实力都有所下降，不得不进行和平试探，相互间发出修好的信息。据《左传·成公九年》载，晋景公面见楚俘钟仪（公元前584年被郑俘，郑献给晋），与他作了一番友好的交谈。范文子建议将其释放归楚，"使合晋楚之成"。晋景公同意，"重为之礼，使归求成"。这年冬，楚共王也及时遣公子辰赴晋，"报钟仪之使，请修好、结成"。

这一善意举动被饱受争霸战争之苦的宋国执政大臣华元捕捉到后，立即于公元前580年提出了"弭兵"的倡议。由于华元本人与晋正卿栾书、楚令尹子重皆有私交，就先后奔赴楚晋两国，展开了外交斡旋，促成了晋楚之间的第一次"弭兵"之约。

公元前579年5月，晋大夫士燮与楚公子罢、许偃达成协议，盟于宋西门之外，史称"宋西门之盟"。盟誓的主要内容是："凡晋楚无相加戎，好恶同之，同恤灾危，备救凶患。"大致的意思是说，从今以后，晋楚两国不再相互用兵，双方应该保持一致，共同协助救患备灾。同年十二月，晋厉公和楚公子罢盟于赤棘（晋地），再次确认贯彻执行"宋西门之盟"。

令人遗憾的是，"宋西门之盟"签订仅过了3年，楚国就公然撕毁协约，开始了对中原霸权展开了新一轮争夺。

公元前576年，晋楚"鄢陵之战"，兵戎相见，导致第一次"弭兵"失败。接下来的一段时期，晋楚两国再次陷入了激烈的交锋，加上国内的局势不稳定，内忧外患，使晋楚双方实力严重受损。体现在楚国自共王即位以来，长期受新崛起的吴国侵扰，边境很不安宁。

公元前560年，楚共王卒，子楚康王（前560—前545）立；公元前558年，晋悼公卒，子晋平公立。晋楚关系进入了新的微妙阶段。

由于晋平公新立，为确立晋霸主地位，晋平公于公元前557年（楚康王三年）会宋、鲁、卫、郑等国国君于溴梁（今河南济源西）。晋以许国背信弃义为由（原许国已被楚迁于叶，这时见晋势强盛，许灵公弃楚从晋，遂请迁于晋，许国大夫则反对，未果）伐许，并进而攻打楚国，以报宋"杨梁之役"（公元前561年，楚为报晋取郑，联秦攻宋，进驻杨梁即今河南商丘东南）。楚公子格率军与晋军战于湛阪（今河南平顶山市西北），由于楚未出动主力，楚军失败。晋军接着攻至楚方城之外，因许未迁，复又伐许而还（《左传·襄公十六年》）。这是楚康王、晋平公时双方发生的一次较大的战争，但这次战争也只是局部性的。

此后，无论是晋国还是楚国，由于国内政局不稳，都无力继续发动大规模的战争；盟国也不堪忍受沉重的需求勒索，离心日显。严峻的形势促使晋楚不得不寻找和解之路，"弭兵"的前提条件再次出现。郑国著名政治家、外交家子产洞见先机："晋楚将平，诸侯将和。"（见《左传·襄公二十六年》）由于有"华元弭兵"的前例，第二次弭兵之会水到渠成。

事隔30年之后的公元前546年，宋大夫向戌展开了新一轮和平外交努力。

由于他与楚令尹子木和晋上卿赵文子两人相好，二人不遗余力奔走于晋、楚、齐、秦及其他小国之间，促成第二次"弭兵"之约。

同年秋10月，楚令尹子木、晋卿赵文子与宋平公、滕、邾之君，以及齐、鲁、卫、陈、蔡、郑、曹、许国大夫盟于宋都商丘蒙门（东北门）。据《左传·襄公二十七年》载，晋楚两国军队以车为城分处营左、右。经向戌斡旋，晋楚双方达成协议，规定除齐、秦两个大国和他们的附庸邾、滕等小国之外，其他各国都要"交相见"。即晋之盟国要朝楚，楚之盟国要朝晋，奉晋、楚为共同霸主，同时担负对晋国和对楚国的朝贡义务。

会议的最后一项活动是歃血仪式，所有与会的诸侯代表都要歃血为盟，对天发誓。这时，楚令尹子木又要抢先歃血，争当盟主的位置。晋人表示反对，楚人就露出了赴会之时暗藏于衣服内的铠甲，准备与晋人拼命决斗。由于晋人毫无防备，对此晋臣叔向（赵文子副手）委婉地劝赵文子"子务德，无争先"，只好眼睁睁地把盟主的地位让给了楚国，让楚国代表先行歃血行誓。此即"向戌弭兵"，亦谓"宋蒙门之盟"。

次年夏，齐、陈、蔡、北燕、杞、胡、沈、白狄等国国君朝晋；冬，鲁、宋、陈、郑、许等国国君朝楚（见《左传·襄公二十八年》），宋蒙门之盟得到认真贯彻执行，标志着"弭兵"的成功。

宋蒙门之盟是宋西门之盟的继续。如果说宋西门之盟是弭兵运动的先声，那么，时过三十余年后的宋蒙门之盟，弭兵运动则终成事实。此后约40年，晋楚之间没有出现大规模的战争。

弭兵之会是春秋历史的转折点。此后楚转向与吴争战，吴国的兴起促成了楚国霸权的终结。

■故事感悟

"弭兵"运动对春秋时期的变局产生了很大影响，是推动春秋历史进程的重大事件。"弭兵"运动的促成，也使各国达成了和平共处的意愿。

■史海撷英

楚康王改革内政

公元前575年，晋国和楚国为争夺中原霸权，在鄢陵（今河南省鄢陵县）开战，最终楚国兵败，中原霸权地位被晋国夺走。楚康王登基为王后，痛定思痛，并对战败一事进行了认真的反思。为了吸取公族势力增大、权力过于集中、不利于楚国局面的教训，康王决定对国内的行政管理和军事管理体制进行改革。

公元前558年（楚康王二年），楚康王利用令尹子囊病逝于伐吴之途的机会，开始实施自己的改革计划。他首先任命自己的叔父楚公子午（子庚）为令尹，同时增设了右尹一职，任命公子罢戎担任。又任命蒍子冯为大司马，并分别增设右司马和左司马两个职务辅佐，分别派公子橐师和公子成担任。再令屈到为莫敖，公子追舒（子南）为箴尹，屈荡为连尹，养由基为宫厩尹。

楚康王不仅对行政管理和军事管理的体制进行了改革，就连马政管理也日趋完善。由于当时处于冷兵器时代，战马在行军打仗和日常交通中处于重要地位，因此康王在这方面下了很大功夫进行整顿治理。通过改革，楚康王重新对权力进行了配置和再分配，有利于权力制度的建立，也有利于互相监督制约，提高了办事效率，增强了国力。

■文苑拾萃

平 公

（唐）周昙

鸿鹄轻腾万里高，何殊朝野得贤豪。
能知翼戴穹苍力，不是蒙茸腹背毛。

墨子的和平活动

墨子（约前468—前376），名翟。鲁国人。墨子是我国战国时期著名的思想家、教育家、科学家、军事家、社会活动家。墨家学派的创始人。创立墨家学说，并有《墨子》一书传世。

墨子是战国初期著名的思想家、哲学家、科学家、教育家和社会活动家。他起先学习儒家学说，但是由于强烈地感受到了儒家学说的弊端，例如繁复的礼乐对社会没有益处，尊卑贵贱的等级观念妨害了人际关系的健康发展等，于是他创立了崭新的学说——墨家。

墨子的理论基础是以"天志"和"明鬼"为核心的有神论。他认为，天有意志，能够奖善惩恶，主持公平正义。人们相信鬼神的监督，就会严于律己，不做坏事。墨子否定孔子的"天命"观，提倡人的主观能动性，积极地从事生产实践和社会实践，积极地改造自身、改造社会。

墨子的主要主张是"兼爱"，与孔子那种有差别有等级的"仁爱"截然不同。"兼爱"是不分高低贵贱、不分地域和种族的，是毫无偏见、毫无私心杂念的最博大的爱。"视人之国若己之国，视人之家若己之家，视人之身若己之身。"

墨子提倡"非乐""节用""节葬",反对浮华奢侈,反对铺张浪费,反对儒家为了服丧荒废生产的荒谬做法。墨子重视生产劳动,说"赖其力者生,不赖其力者不生",反对不劳而获。墨子主张"必使饥者得食,寒者得衣,劳者得息,乱者得治",体现了下层人民对社会公平、和谐、安定的诉求。

另外,墨子还主张"非攻"。当他听说公输盘(鲁班)为楚惠王造了云梯,即将攻打宋国,就从鲁国(山东南部)出发,用了十天十夜赶到楚国都城郢(湖北江陵),希望通过说理和技术比武,阻止一场侵略战争。公输盘暗自以为杀了墨子就可以顺利地消灭宋国。谁知墨子说,他的弟子禽滑厘等300人已经带着他的守城器械到了宋国,等待楚国的入侵,于是楚王放弃了出战的念头。墨家不怕作战,不怕牺牲,"墨子服役者百八十人,皆可使赴火蹈刃,死不还踵"。(《淮南子》)他们反对任何形式的侵略战争,但是为了正义,决不吝惜个人的得失甚至是生命。这至今仍是对待战争的正确态度。

墨子的教导和言行被后世门徒编为《墨子》一书。全书共有71篇,现存53篇。其中,《经上》《经下》《经说上》《经说下》《大取》《小取》通常称为《墨经》或《墨辩》,有说不包括《大取》《小取》。

墨子的一生都没有脱离生产劳动,因此他的自然科学和社会科学的经验极其丰富。他的门徒也继承和发扬了他的优良传统,在实践中注意不断积累和提高科学知识水平。

《墨经》作为墨家科学理论与实践的结晶,在诸子百家中是空前绝后的。它在逻辑学、认识论、数学、物理学、天文学、军事、工程技术等领域的杰出成就,都是世界罕见的。很多人认为《周易》与现代科学相比,显得有些穿凿附会,如同天书奇谈,不足为训。而《墨经》

的准确表述、严密论证和实实在在的成就，却让人感到心悦诚服，赞叹不已！可以说，它是世界文化史上的奇葩，更是中国思想史的辉煌篇章。

墨子一生广收门徒，组织严密，在私学中独树一帜。不仅如此，他还奔走于各个诸侯国之间，劝说当政者采纳他的主张。比如，他向楚惠王献书，楚惠王虽不能采纳他的主张，但却承认他的书是"良书"，愿意收留他。

墨子说："道不行不受其赏，义不听不处其朝。"离开了楚国后，他又回到了鲁国。越王听说墨子是个贤人，就邀请他前往越国，愿意赐给他300里的土地。但墨子有一个条件——"听吾言，用我道"，反而根本不在乎什么物质享受，一心只为了实现他的理想和信念。社会正义是他心目中最神圣、最崇高的目标。

墨家的门徒都来自于普通的劳动者，因此他们的生活很简朴，也很吃苦耐劳，勤于实践，自苦利人，言行一致，"兴天下之利，除天下之害"；处处从劳苦大众的切身利益出发，为实现平等、和平而奋斗不息。他们一生都行侠仗义，扶危济困，无所畏惧，堪称为历史上最早的侠客。

《韩非子·显学》一书中，将儒家与墨家并称为"世之显学"，认为其对当时思想界影响很大。墨子死后，墨家分为相里氏之墨、相夫氏之墨和邓陵氏之墨三家。

一直以来，墨家都是儒家学说的主要反对力量。自从汉代"罢黜百家，独尊儒术"以后，墨家受到排斥，逐渐走向衰落，这是中华文化的一个挫折。然而，墨子和他的思想及精神却一直扎根于人们的心中。墨子的主张，在劳动者的思想意识里也更加潜移默化。墨家学派大公无私、舍己为人、先天下之忧而忧的崇高品质，也是古往今来一代代仁人志士不断追求的最高人生境界。

时代在前进，我们不能要求所有的人都像墨子那样艰苦生活，那样公而忘私，我们也不可能让所有的国家都停止侵略和扩张。但是，只要有人在努力实践这种伟大的理想，践行这样的人生准则，我们的世界就会越来越和平。

墨子的宇宙论

在科学技术等领域，墨子也有着杰出的成就和贡献。他认为，宇宙是一个连续的整体，而个体或局部都是由这个统一的整体分离出来的，也都是这个整体的组成部分。换句话说，也就是整体包含着个体，整体又是由个体所组成，因此整体与个体之间也有着必然的联系。

从这一连续的宇宙论出发，墨子又研究建立了关于时空的概念和理论。比如，他将时间定名为"久"，将空间定名为"宇"；并分别为"久"和"宇"做出了定义，即，"久"为包括古今旦暮的一切时间，"宇"为包括东西中南北的一切空间。时间和空间也都是连续而不间断的。

在定义了时间和空间之后，墨子又进一步论述了时空是否有限的问题。他认为，时空既是有限的，又是无限的。对于整体来说，时空是无限的；而对于部分来说，时空就是有限的。

宋、辽"澶渊之盟"

萧太后（953—1009），名绰，小字燕燕。是辽景宗耶律贤的皇后，辽北院枢密使兼北府宰相萧思温之女，历史上被称为"承天太后"。辽史上著名的女政治家、军事家。

自宋咸平二年（999年）起，辽就陆续派兵在边境掠夺财物，屠杀百姓，给边境地区的百姓带来了巨大的灾难。虽然宋军在杨延朗（又名杨延昭，也就是人们熟知的杨六郎）、杨嗣等将领率领下积极抵抗入侵，但辽骑兵进退速度极快，而且战术灵活，让宋朝边防的压力越来越大。

宋辽之间的战争长达25年，争夺的焦点是燕云十六州。因为燕云十六州是一个先进的农业区，其农业、手工业和其他文化活动都比辽本部地区要发达很多，所以辽的统治者对这一地区垂涎已久。他们把燕云十六州中的幽州升为南京，改皇都为上京；把原先的南京（辽阳）改为东京，又在南京（幽州）建立了相应的许多官职，视为腹地，成为大辽帝国，俨然以大国的姿态屹立于宋朝北方。

辽对宋步步紧逼，不断南下进行侵扰。辽军到达定州后，两军开始出现相持局面，王继忠乘机劝萧太后与宋朝讲和。辽也担心腹背受敌，因此提出议和，但被宋真宗拒绝。十一月，辽军在朔州为宋军大败，岢岚军的辽军因粮草不继而撤军。辽军主力集中于瀛州（今河北河间）城下，日夜不停地攻城，宋军守将李延渥死守城池，激战十多天而未下。萧挞凛、萧观音奴两人率军攻克祁州，萧太后等人率军与之会合，合力进攻冀州、贝州（今河北清河），宋廷则"诏督诸路兵及澶州戍卒会天雄军"。辽军攻克德清（今河南清丰），三面包围了澶州（今河南濮阳），宋将李继隆死守澶州城。

辽统军萧挞凛恃勇，率数十轻骑在澶州城下巡视。宋军大将张环（一说周文质）在澶州前线以伏弩射杀辽南京统军使萧挞凛。其头部中箭坠马，辽军士气受挫。萧太后等人闻萧挞凛死，痛哭不已，为之"辍朝五日"。《辽史》载："将与宋战，（萧）挞凛中弩，我兵（辽兵）失倚，和议始定。或者天厌其乱，使南北之民休息者耶！"此时宋真宗一行抵澶州。寇准力促宋真宗登上澶州北城门楼以示督战，"诸军皆呼万岁，声闻数十里，气势百倍"。

从此，辽宋成为兄弟之国，因辽圣宗年幼，称宋真宗为兄，后世仍以世以齿论。

双方以白沟河为国界，共同撤兵。此后，凡有越界盗贼逃犯，彼此都不得藏匿。两朝沿边城池，一切如常，不得创筑城隍。

宋方每年向辽提供"助军旅之费"银10万两，绢20万匹，至雄州交割。双方还在边境设置榷场，开展互市贸易。

盟约缔结后，宋、辽两国之间百余年间都没有发生过大规模的战事。由于澶州又名澶渊，因此这一事件史称"澶渊之盟"。

澶渊之盟时期，除了极少数的主战派，满朝上下都劝真宗迁都避战，真宗本来御驾亲征的意图也就此作罢了。但宋相寇准无可匹敌的勇气终于让真宗下了决心，亲临战阵，最终达成了澶渊之盟。虽然每年要向辽国提供30万两的岁币，但与迁都比起来，代价简直不值一提（当时宋朝年收入1亿两以上，而当时一场中等规模的战事所耗费的军费就高达3000万两以上）。而历史走向也证明，此战之后，北宋迈向巅峰，经济达到空前繁荣。

辽国关南之地得而复失，但每年30万两的岁贡，再加上后来富弼允诺的20万两，这些钱帛对于经济拮据的辽来讲，无疑更是天上掉下一个大馅饼。不过，辽上下也因此而与宋朝交好达百年之久，辽铁骑不再南下。

■故事感悟

澶渊之盟使宋辽两国大致保持了百余年之和平，这对两国之间的贸易关系、民间交往和各民族之间的融合是非常有利的。

■史海撷英

萧太后与韩德让

萧太后原名萧燕燕，年轻时曾被许配给汉臣韩德让。但还没有来得及结婚，就被皇帝选作妃子了。辽景宗死后，萧燕燕看中韩德让的政治才华与军事才能，于是决定改嫁给韩德让。当时，辽族的风俗是允许这样的。

萧燕燕曾私自对韩德让说："我曾经许嫁于你，愿谐旧好。国王也就是你的儿子。"为了能成功嫁给韩德让，萧燕燕甚至秘密派人鸩杀了韩德让的妻子李氏。从此之后，韩德让就无所避讳地出入于萧燕燕的帐幕之中，与之过着事实上的夫妻生活。辽圣宗对韩德让也以父事之。

韩德让忠心耿耿地辅佐承天太后萧燕燕与辽圣宗，政绩也很卓著。萧燕燕在摄政期间，励精图治，选用汉人，开科取士，消除了番汉各种不平等的待遇；并劝农桑、薄赋徭，内政修明，军备严整，纲纪确立，上下和睦。此外，她还主张与宋讲和，坐收岁币之利，从而使辽国的经济文化高度发展。她摄政期间辽达到了鼎盛时期。

□文苑拾萃

回心院·之一

（辽）萧观音

扫深殿，闭久金铺暗。
游丝络网尘作堆，积岁青苔厚阶面。
扫深殿，待君宴。

回心院·之七

（辽）萧观音

展瑶席，花笑三韩碧。
笑妾新铺玉一床，从来妇欢不终夕。
展瑶席，待君息。

牛温舒 "抓土" 促和平

赵佶（1082—1135），神宗第十一子，哲宗弟。哲宗病死，太后立他为帝，即宋徽宗。在位25年，国亡被俘，受折磨而死。终年54岁，葬于永佑陵（今浙江省绍兴县东南）。

辽乾统五年（1105年），西夏遭到北宋的进攻，便请辽国出面进行调停。为此，牛温舒奉命出使北宋。

在举行大宴时，北宋有意让两个人在宴席上表演。一人要用土涂药炉，说道："土少了不能和。"他表面是说，土少了不能和泥，实际是说给辽使听的，意思是西夏割让的土地少了就不能言和。

牛温舒听了这话，立即抓了一抓土放入怀里。

北宋皇帝宋徽宗问他这是什么意思。牛温舒说："我奉辽天子之命为你们来说和，如果你们不听，我就卷土而去。"

他表面是说调和不成，就把这土带走，但暗示发兵要夺取北宋的土地。北宋君臣听了大惊，只好答应与西夏言和。

这件事之后，北宋和西夏在相当长的一段时间内保持了和平相交的局面，双方互通有无，共同发展，而且民族融合在这一时期内也达到了相当的水平。

牛温舒用睿智的谋略捍卫了自己国家的尊严，也促成了宋夏的和平共处。

宋徽宗独创"瘦金体"书法

宋徽宗赵佶不仅擅长绘画，在书法艺术上也具有较高的造诣。在学薛曜、褚遂良的基础上，宋徽宗还独创了一种"瘦金体"的书法。

"瘦金书"的意思，就是美其书为金，取富贵义，也以挺劲自诩。宋徽宗传世的书法作品很多，楷、行、草各种书法作品都流传于后世，且笔势挺劲飘逸，富有鲜明的个性。其中，《秾芳依翠萼诗帖》为宋徽宗自创瘦金书的杰作。

但是，宋徽宗的书法也存在着柔媚轻浮的缺点，这也许是时代和他本人的艺术修养所造成的。然而，他首创的瘦金体的独特艺术个性得到了人们的认可，为后人所竞相仿效。

念奴娇

（宋）赵佶

雅怀素态，向闲中，天与风流标格。
绿锁窗前湘簟展，终日风清人寂。
玉子声乾，纹楸色净，星点连还直。
跳丸日月，算应局上销得。

全似落浦斜晖，寒鸦游鹭，乱点沙汀碛。

妙算神机，须信道，国手都无勍敌。

玳席欢余，芸堂香暖，赢取专良夕。

桃园归路，烂柯应笑凡客。

弘农杨氏家风正人和睦

楊播（生卒年不详），字延庆。弘农华阴人。是北朝的著名士族高门之一。高祖结，仕慕容氏，位中山相。曾祖珍，道武时归国，位上谷太守。祖真，河内、清河二郡太守。父懿，延兴末为广平太守，有功绩。孝文南巡，吏人颂之，征为选部给事中，有公平誉。除安南将军、洛州刺史，未之任，卒。赠本官，加弘农公，谥日简。

弘农杨氏在东汉时就是以学行闻名于世的大族。自杨震以下，4代皆有人担任居三公之首的太尉，史称其"四世太尉，德业相继"。魏、晋时，曾因政治原因而一度中衰，到北魏时又成为朝中显贵。

杨播历任左、右卫将军及太府卿、华州刺史等职，其弟杨椿位至司徒、太保，杨津位至司空。但他们兄弟并不以富贵骄人，"而言色恂恂，出于诚至，恭德慎行，为世师范"。

尽管他们兄弟都出任高官，但在家时，"兄弟旦则聚于厅堂，终日相对，未曾入内。有一美味，不集不食。厅堂间，往往帏幔隔障，为寝息之所，时就休偃，还共谈笑"。即使分处异地，也相互惦念。"初，（杨）津为肆州（刺史），（杨）椿在京宅，每有四时嘉味，（杨津）辄因使次附之，若或未寄，不先入口。椿每得所寄，辄对之下泣。"附寄之物有限，所表现出的手足亲情却是浓厚至极。

家中的子弟对父兄都十分尊敬，即使彼此年龄皆已很大，仍是如此。"（杨）椿、（杨）津年过六十，并登台鼎，而津尝旦暮参问，子侄罗列阶下，椿不命坐，津不敢坐。椿每近出或日斜不至，津不先饭，椿还，然后共食"。在他们兄弟的带动下，尊长爱幼成为家中的传统，所以能"一家之内，男女百口，缌服同爨，庭无间言"。

为从小培养子弟们的道德与学识，特别设立家学，"昆季就学者三十余人"。父兄们还特别注意树立典型，以劝勉子弟，如杨愔年幼时就曾因不与兄弟们争抢落地的苹果而受到奖励。对子弟的不足之处，则时时加以告诫。杨椿在致仕还乡时，特别针对子弟们的过失而指出："闻汝等学时俗人，乃有坐而待客者，有驱驰势门者，有轻论人恶者，及见贵胜则敬重之，见贫贱则慢易之，此人行之大失，立身之大病也。"在他们的教诲下，家中子弟大多文雅宽厚，谨慎节俭，而且通文学，并有治世之才。

时人对弘农杨氏家中的这种传统评价颇高，认为："汉之万石（指石奋）家风、陈纪门法，所不过也。诸子秀立，青紫盈庭，其积善之庆欤？"而撰写《北史》的李延寿更是誉其为"有魏以来，一门而已"。说到这8个字，中间还颇有一番周折。魏收撰写《魏书》时，杨津的儿子杨愔正任尚书左仆射，权倾一时，故《魏书》初稿中在评论弘农杨氏时讲："有魏以来，一门而已。"但在《魏书》最后改定时，杨愔已因北齐宗室争权而被杀，魏收为表示与其划清界限，将这8个字删去。到李延寿修撰《北史》时，认为魏收不应删去，故在评论时仍沿用《魏书》初稿的内容。

中国历史中，大凡具有好家风的人家，历来为人们所尊敬和称赞。弘农杨氏的家风不仅在《魏书》中有记载，而且在《北史》中也有记录，并被称为"有魏以来，一门而已"。这说明了世人对杨氏一家的敬慕，也表明公道自在人心。

■文苑拾萃

谢道韫咏雪

东晋才女谢道韫咏雪出名句的故事，千百年来一直流传于世，脍炙人口。

有一年的冬天，谢道韫的伯父谢安召集家人，大家一起围着炉火举行家宴。宴会刚开始，一场大雪不期而至，谢安便让大家面对雪景用比兴吟诗。

谢安的一个侄子，也就是谢石的儿子、谢道韫的堂哥哥谢朗，首先自告奋勇站起来说："我来！"他对着天空凝视了一会儿，然后摇头晃脑地念道："撒盐空中差可拟。"意思是说，下雪就好像是天空在撒盐。

谢朗的这句诗刚一出口，立刻就引起了哄堂大笑。他拿撒盐比做下雪，太粗俗了，一点儿诗意也没有。大家嘲笑他说："谁在天空撒盐？把这么多盐撒到田地里，明年还能丰收吗？你这种诗实在要不得！"

这时，只见谢道韫站起身来，缓缓走到窗前，抬头望望天空，又看看庭院里只剩枝干的柳树，轻声地吟咏道："未若柳絮因风起。"意思是说，纷纷扬扬的雪花还不如比作被风吹起的柳絮更贴切。谢道韫刚吟完，大家都不约而同地叫好，觉得这句诗真是与众不同，不但立意新颖，文词幽雅，并且还从下雪的冬天联想到柳絮飘扬、万物欣欣向荣的春天。所以，大家都不禁异口同声地称赞起来。

谢安听了感到十分满意，跷起大拇指夸奖说："还是我这个侄女有文才！"

李士谦一生和邻睦里

> 李士谦（523—588），字子约。赵郡平棘（今河北赵县）人。他博览群书，学问精深，善天文术数，淡于功名，不求闻达，安居乡里。

在中国封建社会里，地主豪绅固然多为鱼肉乡里之辈，但也有少数人能够克己修身，和亲睦邻。隋朝李士谦就是其中之一。

李士谦幼年丧父，是母亲将其养大，他待母极孝顺。一次，母亲生病呕吐，大家怀疑是食物中毒。他为了确定母亲的病因，跪在地上遍尝呕吐之物。北魏广平王元赞闻其孝名，召他为开府参军事，当时其年纪仅12岁。后来其母去世，他长期服丧，哀痛难禁，不思饮食，以致形销骨立，从此不饮酒，不食荤。朝廷多次征其为官，他都固辞不受，自此终生不仕。

他家庭极为富有，本人却非常节俭，而且他急公好义，乐施好善，不惜倾囊为邻里排忧解难。州境之内有人无力办丧事，他即赶去资助。当地遭灾，田里歉收，他出粟数千石，赈济乡人。第二年收成仍不好，借债者无力偿还，登门道歉。他说："吾家余粟，本图振赡，岂求利哉！"于是召来全部债家，设酒席招待他们，当众烧毁所有借据，说："债了矣，幸勿为念也。"次年，当地大丰收，债家争相还债。李士谦坚决拒之，一无所受。他年又遇大饥荒，饿殍遍地。李士谦倾尽家资，熬粥赈灾，赖以生还者数以万计。乡间遗尸，他都收留埋葬。至春季青黄不接时，又出粮济贫，并且准备种子，分送贫苦农民。

赵郡农民感动万分，看到小孩子，就说："此乃李参军遗惠也。"有人对李士谦说："子多阴德。"士谦说："所谓阴德者何？犹耳鸣，己独闻之，人无知者。今吾所作，吾子皆知，何阴德之有！"

李士谦一生和睦邻里。乡间有人放牛疏忽，牛闯入李家田地，践踏了禾苗。李士谦不但不以为忤，反而将牛牵至荫凉处，以上好饲料喂之，精心照料，甚于牛主人，其后设法还归本主。农民有贫困无存盗其庄稼者，他看见后，默不作声，避而远之，任其所为。其家僮曾经捉住一名盗割庄稼者，李士谦非但不加处罚，反倒安慰他说："穷困所致，义无相责。"命人放他回家。有兄弟两人分家不均，争执不下。李士谦听说后，出资补其少者，使之与多者相等。兄弟皆惭愧不已，于是互相推让，从此和好如初。

李士谦的行为，感动了当地广大人民。开皇八年（588年），他殁于家中。赵郡百姓闻之，无不为之泪下，都说："我曹不死，而令李参军死乎！"参加其葬礼者有上万人，乡里人相与在其墓地为之树碑。许多人向李士谦家属馈赠钱物，其妻范氏说："参军平生好施，今虽殒殁，安可夺其志哉！"所有馈赠，一无所受，还拿出500石粟济贫。

▉故事感悟

李士谦作为地主阶级的一分子，能够尽其所能，帮助穷人，周济邻里，值得称道。

董公不惧天威为国平刑

> 董文忠（1231—1281），字彦诚。元初真定藁城（今河北藁城）
> 人。董俊第八子。宪宗二年（1252年），以分地长官子入忽必烈藩
> 王府为质子。中统元年（1260年）任符宝郎，授奉训大夫。为宿卫，
> 长年番直禁中。至元十八年（1281年）升典瑞卿，并金书枢密院事。

　　董文忠身为元初功臣之后，又为忽必烈藩府旧臣，因此颇受元世祖
敬重，"尝呼董八而不名"。而董文忠也"不为容悦，随事献纳"，多所
建白，是非分明，持论公允，对元初完善法制起了积极作用。

　　元世祖至元初年，社会秩序相当混乱，偷盗、抢劫、杀人越货者
时有发生。元世祖颁布诏书说："犯者皆杀无赦。"于是各地大量逮捕罪
犯，各地监狱人满为患。董文忠认为元世祖的诏书没有区别对待，极不
合理。对元世祖说："杀人取货，与窃一钱者均死，惨黩莫甚，恐乖陛
下好生之德。"元世祖感到董文忠言之有理，下令更改了原来的诏令。

　　有人告发汉人殴打国人（蒙古人），又有人揭发说太府监属卢甲盗剪
官布。元世祖闻报大怒，"命杀以惩众"。董文忠认为这种处置太不慎重，
当即提出不同意见，说："今刑曹于囚罪当死者，已有服辞，犹必详谳，

是岂可因人一言，遽加之重典？宣付有司阅实，以俟后命。"于是元世祖派董文忠与近臣突满分别去核实案情，结果发现两件案情都有出入。

所谓"汉人殴伤国人"纯属诬告，乃无中生有；而所谓卢甲盗剪官布之事也与事实不合。官布每端之外都有剩余，称为"羡尺"。恰巧尚方的工官有所需求，卢甲感到用整端布浪费太多，因此才剪羡尺交给尚方工官。卢甲这样做出发点是好的，而且"非身利而为也"。

元世祖了解了事实真相，立即下令另作处理，同时批评侍臣说："方朕怒时，卿曹皆不敢言，非董文忠开悟朕心，则杀二无辜之人，必取议中外矣。"为了表彰董文忠，元世祖赐给他一只金尊，说："用旌卿直。"太子也对宦臣们说："方天威之震，董文忠从容谏正，实人臣难能也。"

太府监属卢甲给董文忠送去厚礼，说："鄙人赖公复生。"董文忠说："吾素非知子，所以相救于危急者，盖为国平刑，岂望子见报哉！"却其物不受。

■故事感悟

董文忠为了"为国平刑"，多次在关键时刻挺身而出，不怕"天威之震"，"是非予夺，毅然不回"，因此得到元世祖的充分肯定。元世祖曾对皇太子说："竭诚许国，能于大事多所建明者，惟董文忠为然！"

■史海撷英

蒙古第一大将木华黎

木华黎作战勇敢，深受成吉思汗的喜爱。成吉思汗登上汗位后第一件事就是任命木华黎和博尔术为左、右万户。

成吉思汗带领木华黎等人讨伐金国。打到抚州的时候，金兵号称40万人，列好阵势等待交战。木华黎说："敌众我寡，如果不拼死作战的话，肯定赢不了。"他带领敢死队冲上去，所向披靡。成吉思汗乘机指挥全军一起进攻，大败金兵。木华黎随后带兵攻打居庸关，这个关隘城墙异常坚固，很难攻破。木华黎分兵攻打其他地方，最终取得了胜利。

木华黎功高盖世，大汗特地下诏封他为太师，赐给他铁券和金印，封他王爵，对他说："你的封爵今后由子孙继承，永不断绝。"还把很多部队的指挥权交给他，说："太行山以北我来想办法，太行山以南就全靠你了。"

木华黎从燕州进军，攻下了赵州，在满城驻扎下来。负责河北西路战事的史天倪对他说："目前中原已经大致平定，但是我军所到之处都大肆抢掠，这不是件好事。"木华黎觉得他说得很有道理，下令严禁抢掠，俘获的百姓也全部放走。各地的百姓都非常高兴，很多地方不战而降。

当时金国在黄陵冈囤积了20万人马，派了2万人袭击济南。木华黎听说济南被袭击，只带了500人马就击退了敌人。为了消灭这支部队，木华黎率领大军进攻黄陵冈，金兵在黄河南岸布阵，准备应战。木华黎说："这次战斗不适合用长兵器，应当用短兵器。"下令骑兵全部下马，拿出弓箭对着敌阵猛射，果然打败了敌人。进攻楚丘的时候，城池非常坚固，四周都是水，易守难攻。木华黎命令用草木填塞壕沟，然后带领部下架云梯登上城墙，一举攻克楚丘。

木华黎攻打延安的时候，金国主帅出兵3万在城下摆好阵势。蒙古不花率领3000人去侦察，回来汇报说："敌人看我军人少，都很轻敌。明天打仗的时候，应该先假装失败，把敌人引入埋伏圈，这样就能轻松取胜。"木华黎半夜率领大部队在城东两条山谷之间埋伏好。第二天，不花率部出击，看见金兵就假装害怕而逃跑。金兵果然紧紧追赶，进入埋伏圈后，木华黎率领伏兵杀出，杀死金兵7000多人。但最后还是没有能攻下延安，于是移兵攻下了另外两座城池。

木华黎后来又攻打长安和凤翔，虽然取胜，但没有把城池攻下来。第二年他就因病去世了，享年54岁。他临死前最大的遗憾就是没能灭掉金国。

昭德皇后宁死不受辱

昭德皇后即乌林答氏，金世宗完颜雍称帝前的原配妻子。乌林答氏"聪敏孝慈，容仪整肃，家族皆敬重之"。完颜雍的哥哥完颜亮早就听说乌林答氏年轻貌美，一直对她垂涎三尺，就找了个机会把完颜雍调到外地，然后让乌林答氏进宫。

乌林答氏知道完颜亮打的什么算盘，她暗中考虑：如果自己在家里自杀的话，一定会连累丈夫；但如果不自杀，又不甘心被那个恶棍占有。于是，她就决定在前往京城的路途中自杀。只有这样，丈夫才能幸免。她留书信告诉完颜雍："我知道该怎么做，不会连累大王的。"她找来家里的仆人，千叮咛万嘱咐，让他们好好照顾完颜雍。大家见她如此贤德，又想起她以前的好处，全都伤心地哭了起来。

乌林答氏走后，完颜亮派来护送她的人知道她一定不肯就范，担心她会寻短见，就对她严加看护。走到离京城还有70里的时候，人们见她一路上不吵不闹，还和大家有说有笑的，都放松了警惕。乌林答氏很快就找到了机会，趁大家不注意的时候自尽了。完颜亮怀疑是完颜雍教她这么做的，虽然没有证据，但他心里对完颜雍还是很不满意。

完颜雍得知妻子自尽的消息后悲痛欲绝，但又不敢声张，只好把妻子的尸体草草埋葬。完颜雍即位后，是为金世宗，并追封乌林答氏为昭德皇后，下令隆重改葬。金世宗对皇后的侄子天锡说："我四五岁的时候就和皇后定了亲。你的祖父把我抱在他的膝盖上说：'我有七个女婿，你是年纪最小的女婿，将来一定能光耀我家门楣。'现在我当了皇帝，你祖父的话终于应验了，可惜皇后却再也看不到了。"

顾佐刚严方正

顾佐（1376—1446），字礼卿。河南太康县人。建文二年（1400年）进士。永乐年间，以刚直不阿而声震朝野，"为御史转按察副使，召为府尹，守正嫉邪，吏民畏服"。在任顺天府京尹时，因他不惮权贵、刚直不阿而使"权贵多不便之"，被视做绊脚石，最终遭排挤，被调离京城，出任贵州按察使。直到仁宗洪熙元年（1425年）才调回京师任通政使。

明宣宗宣德年间，有位刚直不阿、吏民畏服的执法大臣，人们都将他比做北宋的包拯。他就是都御史顾佐，史称"顾佐掌邦宪，风纪为之一清"。

宣德初年，未禁官妓，大臣们宴饮时，歌伎满堂，以奢侈相尚。执掌风宪的都御史刘观竟带头私纳贿赂，徇私枉法，手下御史也贪纵无忌，朝廷上下贪浊成风。

宣宗为了整饬吏道贪墨，一改旧习，准备选拔任用公廉刚正之士。宣德三年（1428年），宣宗召见大学士杨士奇、杨荣至玉华门，专门询问近来贪浊成风的原因以及谁最贪浊。杨荣回答"刘观"，又与杨士奇联名举荐顾佐，认为他"公廉有威，历官并有风采，为京尹，政清弊革"，是最合适的都御史人选。宣宗闻荐大喜，当年七月就拔擢顾佐为右都御史，赐敕奖勉，授权他考察诸御史，不称职的就予以贬黜，御史有缺，举荐合适的人选送交吏部补选。

顾佐深知，执法队伍素质好坏，直接关系着法律的成败。因此，他抛开个人情面，大刀阔斧、铁面无私地淘汰不称职的御史，起用勇于任职的新锐。他奏请皇帝批准将严皑、杨居正等20人贬谪、发配到辽东各卫所充当低级官吏卒，降级录用8人，罢官3人；同时选荐进士邓、国子生程富、参加调选的知县孔文英、教官方瑞、蒲圻教谕朱鉴等43人堪任御史。宣宗让这些被举荐的新人先到各道试御史，历政实习3个月而后加以选择，再授予实职。

被贬辽东的杨居正等6人到处活动，申辩投诉，企图逃避惩罚。宣宗闻讯后大怒，将他们贬谪辽东，发配到边远地区充军。后来严皑从戍所潜逃回北京，胁迫他人向顾佐行贿求情，求情不成，又企图谋害顾佐。但顾佐凛然无所畏惧，将他的所作所为奏报朝廷。朝廷下诏将严皑在闹市上斩首。

顾佐"刚直不阿纠肃百僚，虽豪贵置之法，朝纲大振，论者拟为包孝肃，天下想闻其风采"。"由是纠黜贪纵，朝纲肃然"，风气为之一变。

顾佐生性十分孝悌、友爱，始终以品德行操清白称誉，但秉性严厉坚毅，律人度己都十分严格，又生性好静，不喜人打扰。他每次前往参加早朝在外庐小憩时，都"立双藤户外，百僚过者，皆折旋避之"。在户外放两个护膝藤带，不过是表明顾佐在此，而百官竟然都折返绕道以示回避，由此可以想见他的威严。在他入宫宿直时，他也往往独处小夹室，从不与诸司官僚群坐一处。为此，顾佐人称"顾独坐"。

　　顾佐这种貌似孤僻、高傲的举止，无形之中为宪司求得了一种高度的尊严，极大地减少了执法中徇私情的可能性。当时人在佩服他严毅的同时，对他持法的艰深也不无非议，他也曾"失入死罪十七人，被刑科纠出"。但对他来说，这终归是白玉微瑕了。

　　在顾佐出任都御史一年左右，有一个奸吏惮于他的威严，千方百计地想攻击他，以求得自身安全。就向朝廷讦奏顾佐，说他接受在台隶仆的馈金，私自发遣隶仆归乡。宣宗将此吏状密示杨士奇，质问道："尔不曾举佐廉乎？"士奇坦然回答：中朝官俸禄太低，仆马薪刍之隶，允许一半隶人交钱免役，这样，交钱代役的隶可以回家务农，不误农时，官也可以得到资费。所有的中朝官都是这样，连我也这样。先帝了解到这种情况，还曾为中朝官增加薪俸。因此，顾佐所为，无妨于清廉之称。

　　宣宗听后，不禁慨叹道：真没想到朝臣贫穷到如此地步！由此想到讦奏者的可恶，便随口骂道："朕正在重用顾佐，奸贪小人竟敢诬奏他，一定要把他交付法司审治！"杨士奇听了，急忙劝谏道："对这样细小之事，您不值得发这么大的火。"

　　宣宗于是就将吏状交付给顾佐，说："听凭你自己处理吧！"顾佐顿首谢恩之后，将讦奏自己的官吏召来，对他说："圣上命我处置，如果你悔过自新，我就放过你，不治你的罪。"宣宗听说顾佐的处置后，不由地称赞他识大体、心胸豁达。

　　执法官刚严方正，不仅要抗皇帝、权势们的干乱法纪，有时还要受到犯罪者的骚扰。又有人讦告顾佐不理冤诉。宣宗听了，判断此人是受了重囚的唆使，便命令法司会审，果然是事出有因。原来是千户臧清杀害无罪3人，被判处死刑，惮于顾佐的刚严方正，无从减免自己的处罚，因而使人诬奏顾佐，企图把他排挤掉。宣宗听罢法司会审的结果，指示道，不诛臧清，则顾佐的法就得不到执行，下令将臧清在闹市口磔刑处死。

顾佐作为一名执法官，刚严方正，不仅敢于抵抗皇上的错误决定，而且还要排除权势们对其断案的干扰。他担任御史9年，始终恪尽职守，可以说是一位刚直不阿、办案认真的清明大臣。

■史海撷英

朱厚熜继位

古代中国特别重视名分，比如甲是乙的儿子，但却被过继给了丙。按照古代中国的礼法，甲在祭祀的时候，只能祭祀丙，不能祭祀乙，更不能承认乙是自己的父亲。在现在看来这很荒诞，但在当时是个非常严肃的问题，甚至影响到国家安定与否。明世宗时期的大礼议事件就是个非常典型的例子。

明武宗死后没有留下后代，大臣们就决定在皇族中选一个人出来当皇帝。选来选去，选中了湖北的兴献王世子朱厚熜。朱厚熜的父亲是明孝宗的弟弟，他本人是明武宗的堂弟。但堂弟是没有资格继位的，大臣们就想了个办法，让朱厚熜作为明孝宗过继的儿子，这样就有继承皇位的资格了。于是他们以太后的名义命令朱厚熜到京城来"嗣皇帝位"。

能当上皇帝，对朱厚熜来说是一件很开心的事。但要当皇帝就得先给别人当儿子，这一点让他非常不满。在前往京城的途中，他听说大臣们要先用迎接皇子的礼仪来迎接他，他生气了，说："我是来当皇帝的，不是来给别人当皇子的！"干脆停下来不走了。大臣们急了，只好用了个折中的办法，让他以朝见太后的名义进了宫。朱厚熜即位，就是历史上的明世宗。

郭元振定策安西

郭元振（656—713），唐朝魏州贵乡（今河北大名东北）人。著名军事外交家。他曾长期参与唐朝的外事管理工作，任西域军政长官。他对外交往的对象是吐蕃和突厥。他对唐朝西域政策的制定以及稳定唐朝对西域的统治，有重大影响和贡献。

700年，娑葛即位后，唐朝任其为鹿州都督、怀德郡王。其父旧臣阿史那忠节不服，与娑葛兵戎相见。郭元振劝和无效，便奏请朝廷将阿调回朝廷宿卫，并将其部众迁入瓜州和沙州之间，以避免双方混战扩大。

这一时期，唐原先所扶植的西突厥阿史那家族已经势微，娑葛带领的突骑施已经崛起，并已控制了西突厥。郭元振采取改而支持娑葛的建议，符合西突厥和西域形势发展变化的需要，有助于局势稳定，有利于维护唐与西突厥的关系，进而巩固了唐在西域的战略地位。朝廷同意郭元振的意见，令阿返回京城。

但是，当阿到达播仙镇（今罗布泊南）时，遇到了经略使、右威卫将军周以悌。这个周以悌不以西域大局为重，挑唆说："国家厚秩待君，以部落有兵故也。今独行入朝，一羁旅胡人耳，何以自全？"周让他用重金贿赂宰相，不去长安，约吐蕃兵共击娑葛，既报私仇，又可保存实力。阿于是率兵攻陷于阗城，获金宝及俘虏，然后派人携重金去京城收买左右相宗楚客和纪处讷。

郭元振闻知此事后，马上意识到问题的严重性，立即奏请朝廷，建议万万不可同意阿史那忠节引吐蕃击娑葛。道理很简单，由于吐蕃人早就在与唐争夺西域四镇和突厥十姓之地，唐如同意吐蕃人进入西域，无异引狼入室。如吐蕃人帮助阿史那忠节打败娑葛，吐蕃人就会控制阿，唐在西域就危险了。

但是，宗楚客一意孤行，派御史中丞冯嘉宾持节安抚阿史那忠节，派牛师奖为安西副都护，引吐蕃兵共击娑葛。娑葛之"进马使"在京得知消息，急忙回报。于是娑葛举兵四路进犯，陷安西，断四镇之路。

阿史那忠节在计舒河（今塔里木河）畔与冯嘉宾会面时，娑葛兵突然袭来，冯嘉宾被杀，阿史那忠节被活捉，牛师奖等支援阿史那忠节的人也都一一被杀。宗楚客等不甘失败，表奏让周以悌代郭元振为安西大都护，在焉耆置军大战娑葛。

娑葛致信郭元振："与汉本无恶，只仇于阙啜（阿史那忠节）。而宗尚书取阙啜金，枉拟破奴部落，冯中丞、牛都护相次而来，奴等岂坐受死……乞大使（指郭元振）商量处置。"

郭元振将西域实情奏报朝廷，宗楚客大怒，说郭元振有异图，要把他召回来问罪。郭元振又派自己的儿子郭鸿等人，到朝廷奏明真相，并请继续留在西域。朝廷弄清是非后，周以悌被问罪，流放白州，仍以郭元振为安西大都护，册立娑葛为十四姓可汗，赐名守忠。不久，娑葛派使到长安表示对唐的忠诚，唐封他为金河王、归化可汗。

唐睿宗即位后，郭元振被调回京城任太仆卿。郭元振将起程时，各族酋长用刀划面流血以表哀伤哭送，沿途所到，城中百姓闻风而出，具酒浆相迎。可见，郭元振在西域是如此的深得人心。

■故事感悟

郭元振为了国家的安宁，长期参与唐朝的外事管理工作，任西域军政长官。由于他妥善处理了边境各族间的关系，因此保护了边境的长治久安，深得百姓爱戴。

■史海撷英

郭元振加强吐蕃与唐的友好

696年，吐蕃请和亲。郭元振作为唐朝使者出使吐蕃，"往察其宜。吐蕃将论钦陵请罢安西四镇戍兵，并求分十姓突厥之地"。吐蕃遣使随元振入，进一步提出此要求。

所谓"四镇"，就是龟兹、于阗、疏勒、碎叶（其中除碎叶在今吉尔吉斯斯坦外，另三镇均在今新疆）。当时这4个地方都属于唐朝安西大都护管辖。四镇是控制西域的关键，历史上是兵家必争之地。原来在679年，吐蕃曾攻占这四镇，但692年由唐武威道大总管王孝杰出兵收复，重置安西四镇，巩固了唐朝对西域的控制。

对吐蕃的要求，郭元振上书："今吐蕃请和……大利于中国……今若直塞其善意，恐边患之起，必甚于前。"郭元振分析了唐与吐蕃、突厥的关系，提出了既保全国家根本利益，又不致引发与吐蕃矛盾的稳妥谈判设想，得到朝廷同意：一、向对方提出反要求，要吐蕃退还所占领的唐朝在吐谷浑、青海一带的地方。这是缓兵之计，目的在于堵住论钦陵的嘴；二、考虑到论钦陵内心并不愿与唐通好，经常阻挠唐朝的和亲使臣，"彼蕃之人怨钦陵日深，望国恩日甚"，朝廷应当要求对方同意唐朝经常派使臣到吐蕃通好。这一招，在于不断暴露论钦陵，加深吐蕃内部矛盾。

郭元振明察吐蕃内部状况，得知吐蕃上层多数坚持与唐友好，只大将论钦凌等少数与唐讨价还价，企图索要战略意义重大、已被唐朝牢牢掌握在手的安西四镇。郭元振采取老练的谈判手法，因事制宜，努力扩大友好一面，争取同吐蕃和解；同时，离间吐蕃君臣，扩大其内部矛盾的发展。

后来吐蕃上层内斗加剧，主张与唐友好的一派占了上风，"自是数年间，吐蕃君臣果相猜贰，因诛大将论钦陵"。论钦陵被杀，他的兄弟赞婆和兄子莽布支归降。

701年，郭元振任凉州（今甘肃武威）都督。当时凉州南北界域相距不过400余里，北有突厥、南有吐蕃，常发兵前来袭扰。他于该州南境设和戎城（今甘肃古浪），北境置白亭军（今甘肃民勤东北），控制要道，开拓州境1500余里。

705—706年，郭元振任左骁卫将军，兼检校安西大都护。不久，任金山道行军大总管。712年，为朔方军大总管，筑丰安（今宁夏中卫西）、定远城（今宁夏平罗南），加强了边防。安西都护始设于贞观十四年（640年），治所在西州（故高昌城），一度移至龟兹、碎叶。

□文苑拾萃

明察秋毫

唐朝时期，西域各部落虽然受唐朝都护节制，但都保持着各自的军事力量；彼此之间，甚至同唐都护之间有时也发生一些摩擦，若处理不妥，会造成严重后果。

唐武后时，西突厥之一部突骑施，在今吉尔吉斯斯坦境内楚河一带发展起来，设牙帐碎叶川。自其首领乌质勒起，采取与唐朝友好的政策，遣使朝唐，接受唐朝的册封。

一次，郭元振到乌质勒牙帐拜访时，天寒大雪，乌质勒因年迈不胜寒冷，会谈结束后即一命呜呼。乌质勒去世后，他的儿子娑葛悲痛万分，怀疑父亲的死是郭元振设计谋害的，要杀郭元振替父报仇。副使解琬得知后劝郭元振连夜逃走。《旧唐书》写道："元振曰：'吾以诚信待人何所疑惧？且深在寇庭，遁将安适？'乃安卧帐中。"

第二天，郭元振一身素服前往乌质勒居处吊丧，正巧遇上了娑葛派来捉拿他的士兵。士兵们没想到郭元振会来，于是便说是来迎接和保护他的。郭元振到了乌质勒的帐篷，行吊礼哀悼，像失去了自己的亲人一样哭得非常悲痛。

丧葬期间郭元振诚心诚意地帮着办丧事。他的一举一动使娑葛深受感动，原来的误会自然也就消失了。娑葛还派遣使者向唐贡献马5000匹、驼200峰、牛羊10万余头，表示突骑施对唐的忠诚。

由于郭元振正确处理了这一事件，唐与突厥之间可能引起的一场风波遂告平息。随后，郭元振被任命为金山（今阿尔泰山）道行军大总管。

宋文帝治国之策

　　刘义隆（407—453），小字车儿。原籍彭城（今江苏徐州），生于京口。南北朝时期的刘宋皇帝（424—453年在位），在位29年，谥为文帝，庙号太祖。宋武帝刘裕第三子，母亲为胡婕妤，名道安。博涉经史，善隶书，深沉有谋略，但体弱多病，好猜忌。

　　刘裕建立宋朝，做皇帝不到3年就病死了，他的长子刘义符继位。刘义符年轻贪玩，不会管理国家大事，没到两年，被大臣徐羡之等人杀了。徐羡之勾结另一个大臣傅亮，拥立刘义符的弟弟刘义隆做了皇帝，就是宋文帝。

　　宋文帝刘义隆是个精明能干的人。他14岁被封为宜都王，住处在江陵，把封地内的大小事情都管理得井井有条，因此很有声望。他做皇帝那年，只有18岁，已经懂得如何治理国家了。他决心不让徐羡之、傅亮这样的人继续掌握大权。找了个借口，撤了他们的官职。随后，又把他们杀了。

　　宋文帝认为，国家稳定的关键，就是能让农民有地种、有饭吃，这样他们才不会起来造反，自己的皇位才能坐得稳。当时农民很穷，欠的官私债务不少，连种子也买不起。宋文帝宣布，农民欠政府的租税一律减半，等秋后收了粮食再交。到了秋天，他看到农民交了欠租以后，第二年播种又要发生困难，就再次宣布所欠的租税一概免除。但以后要好好生产，不许继续欠账。农民听到减免租税的命令，高兴极了，生产的劲头更足了。

接着，宋文帝又下令给全国官吏带领农民好好耕种。农民缺少种子的，政府要借给他们。如果哪里生产搞得不好，就要处分官吏。宋文帝还亲自带领文武大臣去京郊耕田锄地，给大家做出榜样。农民看皇帝这样重视农业，都努力开荒种地。战乱中被破坏的农业生产，很快得到了恢复。

农业生产虽然恢复了，可有的地方也还免不了要闹灾荒。宋文帝对救灾的事情很关心。有一年，江南闹旱灾，水稻种不上，宋文帝下令改种比较耐旱的麦子。又有一年，丹阳、淮南、吴兴、义兴一带闹水灾，田地被洪水淹没，农民没有粮食吃。宋文帝下令从政府的粮仓里拨出几百万斛米，用船运到灾区，救济灾民。

当时很多大地主常常利用灾荒吞并农民的土地，使农民成为他们庄园里的农奴。于是，宋文帝又经常下令清查户口，把农民和他们的土地登记在政府的户籍册上，防止大地主侵吞。同时，土地多的，要向政府多交租税。这不仅增加了国家的收入，也使租税不至于平均摊给土地少的农民，相对地减轻了他们的负担。

要实行上面说的这些政策，光靠皇帝一个人是不行的，所以宋文帝很重视官员的选拔。他派有能力的人到地方上去做官，对于贪官污吏严加处分。

有一次，荆州刺史要换人，但是派谁去好呢？宋文帝反复考虑，仔细寻找合适的人选。荆州是长江中游的政治军事重镇，按照宋武帝刘裕在世时的规定，荆州刺史只能由皇帝的本家依次轮流担任。这一次，按照规定应该轮到南谯王刘义宣了。可是刘义宣的能力不行，担不起这样重的担子。几天以后，宋文帝竟出人意料地派衡阳王刘义季去担任这个职务。即便有人反对，他也不改变主意。

为什么宋文帝这样信任刘义季呢？这要从刘义季接受劝告、停止打猎的事说起。刘义季本来很喜欢打猎，常常在春天纵马追逐飞禽走兽，踏坏地里的禾苗。有一天，有个上了年岁的农民看到刘义季又来打猎，就劝告他说："打猎成了一种嗜好，不顾节气，这是自古以来人们禁忌的事。"

他给刘义季讲了夏朝时候太康失国的故事。太康因为爱好打猎，丢开国家大事不管，结果被后羿乘机夺取了政权，失掉了国家。老人又说："现在正是春季，风和日暖，是播种庄稼的好季节。如果失去这个播种的时机，田地就要荒芜，百姓就要挨饿，朝廷也会收不到租税。您不应当只图一时的快乐，在这时候打猎，影响百姓的耕种。"

刘义季听了老农这番劝告，觉得很有道理，抱歉地说："你说得很对！"从这以后，刘义季在春季不再打猎了。这件事传到了宋文帝耳朵里，他激动地说："人，谁能没有过失！这种知过能改的精神是最可贵的。"所以这次他坚持派刘义季到荆州去。刘义季果然没有辜负宋文帝的期望，勤勤恳恳地处理政务，认真地训练军队，把荆州治理得秩序井然，市面欣欣向荣，老百姓生活也比较安定。

宋文帝对贪官污吏毫不客气地予以惩办。南梁郡太守刘遵考是宋文帝的堂叔，他当年跟随宋武帝刘裕北伐，立过不少战功。可是，他为人粗暴，贪财好利。他在南梁郡做太守的时候，当地发生特大旱灾。他不但没有采取措施拯救灾民，还乘机侵吞朝廷拨来的救灾粮。宋文帝得知刘遵考这种不法行为以后，不徇私情，果断地免去了他的官职，给了他应得的处分。

■故事感悟

宋文帝治国重视农业生产，注意人才选拔，使得社会经济逐渐繁荣，百姓不用负担繁重的徭役、租税，国家出现了人丁兴旺的景象。因他的年号为元嘉，因此历史上把这一太平景象称为"元嘉治世"。

■史海撷英

鲍照献诗

鲍照被认为是南北朝时期文人中成就最高的，与颜延之、谢灵运合称为"元嘉三大家"。

鲍照出生在一个贫穷的家庭，年幼时就不得不帮家里种地。但他读书刻苦，想靠自己的努力让生活过得好一些。可在盛行门阀制度的南北朝时期，看人只看出身，不看学问。那时候的所谓出身好，是指家里世世代代做大官。这样的人被称为出身名门，或者叫做高门士族子弟，即使没有什么学问，也能做大官。出身不好，是指祖祖辈辈没做过大官，这样的人被认为出身微贱，或者被叫做寒门庶族，即使学问很好，也做不了大官。鲍照出身微贱，虽然读了十多年书，学识也很渊博，却做不上官。

鲍照26岁那年，据说混浊的黄河、济水突然变清了。这确实是非常稀罕的事。人们都认为这是好兆头，国家一定要出现什么喜事了。鲍照听到这个消息后，花了几天工夫，写了一篇《河清颂》。这篇文章写得很好，没过几天，就在人们中间传开了。

有人把这篇文章推荐给宋文帝的兄弟临川王刘义庆，想叫他提拔鲍照。刘义庆听说鲍照出身微贱，一眼都没看，就把文章搁到了一边。鲍照听说以后，心想：刘义庆也许还不知道我是有学问的人。他决定写几首能表现自己远大志向的诗，当面献给刘义庆。有个好心肠的人跑来劝阻说："你人微言轻，准会碰一鼻子灰。"

鲍照很不高兴，气愤地说："自古以来，不知道有多少学识丰富的人才被埋没了，我真替他们惋惜！男子汉大丈夫，怎么可以把自己的本领埋藏起来，跟那些普普通通的人一样，整天想着柴米油盐，过庸庸碌碌的日子呢？"他不听劝告，终于把诗献了上去。

□文苑拾萃

鲍照与他的诗

宋文帝觉得鲍照才华出众，就破格提拔他做专管文书的中书舍人。但朝廷里一些大臣官僚看不起鲍照，经常对他讽刺挖苦。

鲍照心里很难过，只好把满腔的悲愤写进诗里。他写了18首《拟行路难》的诗，表现了对当时门阀制度的不满。其中有一首是这样写的：

> 对案不能食，拔剑击柱长叹息。
> 丈夫生世会几时，安能蹀躞垂羽翼？
> 弃置罢官去，还家自休患。
> 朝出与亲辞，暮还在亲侧。
> 弄儿床前戏，看妇机中织。
> 自古圣贤尽贫贱，何况我辈孤且直！

他还写了8首《拟古》诗，托古讽今，感慨自己的不幸遭遇。其中的一首说：

> 束薪幽篁里，刈黍寒涧阴。
> 朔风伤我肌，号鸟惊思心。

岁暮井赋讫，程课相追寻。

田租送函谷，兽稿输上林。

河渭冰未开，关陇雪正深。

笞击官有罚，呵辱吏见侵。

不谓乘轩意，伏枥还至今。

秦始皇御边固国

　　始皇帝（前259—前210），通称为秦始皇，嬴姓，赵氏，名政（正）。秦庄襄王之子，为中国历史上首位皇帝。杰出的政治家、军事统帅。战国末期秦国君主，首位完成统一中国的皇帝。秦始皇是中国历史上第一个使用"皇帝"称号的君主，对中国和世界的历史均产生了深远而重大的影响，被明代思想家李贽誉为"千古一帝"。

　　唐代大诗人李白曾写有一组著名的《古风》诗，其中一首热情洋溢地讴歌了"千古一帝"秦始皇的历史功绩："秦王扫六合，虎踞何雄哉！挥剑决浮云，诸侯尽西来。"

　　的确，秦始皇在我国历史上曾起过巨大的作用，有着重要的地位。他重才任人，扫灭六国，开创封建大一统帝国新纪元，对后世历史发展产生了不可忽视的影响。而御边固国、加强战备则是其历史活动中的一个重要方面。

　　战国以来，活动在中国北部地区的少数民族势力主要有3支：匈奴、东胡、月支。其中，又以在蒙古高原一带过着游牧生活的匈奴人更为强大："士力能贯弓，尽为甲骑。"当时，匈奴贵族趁中原各诸侯国纷争之际，不断进行侵扰劫掠，并进占了秦北部河套地区。秦始皇统一天下，建立了中央集权统治后，匈奴势力依然十分嚣张。他们经常南下袭扰，掠夺内地的人畜和财物，对秦政权的稳固构成严重的威胁，故当时社会上流传着"亡秦者胡也"的说法。

为了解除匈奴南下之患，巩固北部边境，始皇帝三十二年（公元前215年），秦朝廷派遣蒙恬率领30万大军"北击胡，略取河南地"。秦军在蒙恬指挥下，长驱直入，横扫塞北，"却匈奴七百余里"。次年，蒙恬继续北进，占领高阙（今内蒙古潮格旗南）、北假（今内蒙古乌加河一带），进而控制了阴山和阳山之间的孔道。匈奴在秦军的凌厉打击下，败走北遁。这就是贾谊所谓的："胡人不敢南下而牧马，士不敢弯弓而报怨。"

但光赶跑匈奴还是不够的，为了巩固边防，秦始皇进而又采取了一系列重要措施：

第一，在新占地设置郡县，移民实边。秦收复河套地区后，始皇即在那里分设了44县，"西北斥逐匈奴，自榆中并河以东，属之阴山，以为四十四县"，并建筑了几十座城堡。同时"徙谪，实之初县"。始皇帝三十四年更进一步迁内地民众3万户移居北河（今内蒙古、宁夏一带）。

第二，筑长城为备御匈奴进犯作万全之策。在北逐匈奴取得胜利后，秦始皇即下令由蒙恬率士兵、役夫和刑徒约50万人大规模地"筑长城，因地形，用制险塞"。经过多年艰苦的努力，终于在原秦、赵、燕三国修筑北方长城的基础上，筑成了一条西起临洮，东到辽东，袤延5000多公里的万里长城。它起到了"以墙制骑"的重要作用。

第三，开辟直道，提高军事交通、通讯效率。始皇帝三十五年，由蒙恬"除直道，道九原，抵云阳，堑山堙谷，千八百里"，它的开辟，使京师咸阳和北部边关联结在一起。平时边地军民屯垦耕作；一旦有警，长城戍卒点燃烽火，将领便可根据敌情做出部署，且可沿直道，征调内地部队。这样就增强了部队的机动能力。

在重点加强北地防御的同时，秦始皇还兴平"百越"、南戍五岭之举。秦灭六国后，派遣屠睢统率50万大军分兵5路进击岭南。经过旷日持久的战争，终于先后平定百越之地，统一了岭南广大地区，并在那里新设了闽中、南海、桂林、象四郡。而后又征发中原几十万人"戍五岭，与越杂处"。

■故事感悟

秦始皇这些御边固国措施，从某种意义上说是有积极作用的。尤其是修筑长城这件事，就军事意义而言，对当时直至后来历代封建王朝防御北方少数民族入侵是有一定价值的。所以，西汉名臣主父偃称长城为"灭胡之本"；明朝边臣余子俊也誉长城为"不战而屈人兵之计"。这是公正的评价。

■史海撷英

秦始皇兵马俑

秦始皇兵马俑坐落在离秦始皇墓穴东侧1500米处，居西安市37公里的临潼山城东，是世界最大的地下军事博物馆。

整个俑坑布局合理，结构新奇。在深约5米的坑底，每隔3米左右就有一道由东向西的承重墙，而兵马俑就排列在墙间空当的过洞当中。

在秦始皇陵中，共有3个兵马俑坑，呈品字形排列。一号俑坑呈长方形，总面积约1.4万平方米，四面有斜坡门道。俑坑中最多的是武士俑，这些武士俑的平均身高都在1.80米左右，最高的可达1.90米；陶马平均高约1.72米，长2.03米；战车与我们实用的车的大小差不多。

武士俑的大部分都手执青铜兵器，有弓、弩、箭镞、铍、矛、戈、殳、剑、弯刀和钺等。它们应该就是当时的实战武器。武士俑们还穿着甲片细密的铠甲，胸前有彩线挽成的结穗。军吏头戴长冠，数量比武将要多。秦俑的脸型、胖瘦、表情、眉毛、眼睛和年龄等各不相同，样貌栩栩如生。

考古学家们还在俑坑中发现了种类齐全、数量空前的青铜兵器。其中，长铍、金钩等都是兵器考古史上首次发现的。

光绪帝改旧旗制

爱新觉罗·载湉（1871—1908），清德宗光绪皇帝。载湉4岁登基，由慈禧、慈安两宫太后垂帘听政至18岁。此后虽名义上归政于光绪帝，实际上大权仍掌握在慈禧太后手中。1894年中日甲午战争爆发，清廷战败。1898年，光绪帝起用康有为、梁启超等进行"戊戌变法"，但变法危及封建守旧势力的利益，受到以慈禧太后为首的保守派的反对。光绪帝打算依靠袁世凯囚禁慈禧，但被袁出卖，从此被慈禧幽禁在颐和园。整个维新不过历时103天，故称"百日维新"。光绪三十四年，光绪帝暴死，终年38岁。庙号德宗，葬于河北易县崇陵。

　　免除旗人特权、让旗人自谋生计，是光绪皇帝即位后主持的一项重大改革措施。

　　自清初以来，军事编制上有满洲八旗、蒙古八旗和汉军八旗，共二十四旗。编入旗籍的称为"旗人"。清军入关初期，旗人善于骑射，勇于战斗，国家世给口粮，以备冲锋，并规定旗人不准从事生产和经营工商业。旗人成为不事生产、享有特权的阶层。但由于旗人人口迅速增加，而军有定额、饷有定数，既不能无限增兵、增饷，又不能放宽旗人参加劳动生产的限制，于是"八旗生计"日益成为严重的社会问题。

另外，八旗兵制沿用200多年后，旗人的战斗力完全丧失，成为坐食口粮、懒惰成性的寄生虫。旗务腐败，贿赂公行，八旗军官克扣兵丁钱粮，旗人生计愈加困乏。有的便以偷盗为生，造成社会秩序的混乱。再有，由于国家定期拨给旗人一定的口粮，又造成中央财政的困绌。

总之，旧有的旗人制度于国家于旗人皆为不利，它一方面造成了国家的经济负担，另一方面又堵塞了旗人谋出路、求富贵的道路。要使国富民强，旧旗制非改不可。

光绪二十四年（1898年）维新变法时，康有为上书光绪皇帝，建议改旗丁为民籍，"听其所好，择业而从"。其他维新派也纷纷上书，要求革除旗人旧弊，准旗人自谋生计。

同年七月二十九日（9月14日），光绪皇帝采纳了维新派的建议，谕令旗人"各习四民之业，以资治生"。并要求户部清查从前《徙户开屯田口授田成案》，重订新章，"会同八旗都统妥筹办理"。

这项新政的推行，结束了200多年来旗人享有寄生特权的局面，革除了兵制、财政上的旧弊，解放了旗人劳动力，减轻了国家负担，收到了补偏救弊的良好效果。尽管戊戌政变后新政多被推翻，但旧的国家机器已不能回到原来的样子照旧统治下去了。

□ 故事感悟

免除旗人特权，让旗人自谋生计，是光绪皇帝主持的一项重大改革。光绪帝意识到，要使国富民强，旧旗制非改不可。只有这样才能使那些整日无所事事的八旗子弟有事做，防止他们滋事生非，扰乱社会，同时也能减轻社会负担。这是一举两得的好事，对保持社会的稳定也能起到一定的作用。

玉米与白薯

提起玉米和白薯，恐怕没有人不知道。它们都是我国目前主要的粮食作物之一，玉米食品和烤白薯也都是人们日常生活里颇受欢迎的食物。可是如果有人问它们的老家在哪里？它们是什么时候在我国的大地上扎下了根？能回答得清楚的人恐怕不多。

玉米和白薯都不是我国原有的农作物，它们和土豆（马铃薯）一样，老家都在南美洲。

据说土豆在16世纪才传入欧洲，被大量种植食用。但它是何时传入中国，从哪儿传来的，至今还不大清楚。

玉米从遥远的南美洲来到我国安家落户，时间比较早一些。明朝正德初年（16世纪初），安徽颍州（今安徽省阜阳县）方志《颍州志》中，对玉米的种植就有了比较详细的记载。地方志里能记载一种新作物，说明这种作物在当地种植已经相当普遍，它的价值已经为人们所认识，不然的话那些修史的读书人哪里会知道农作物中有这个新品种呢？更不会把它写进方志里面去了。这说明玉米传入和试种的时间比《颍州志》成书还要早一些，可能在15世纪中叶它就已经辗转传到了我国。

玉米是怎么从美洲传到我国的，到现在还无从考证。不过有一点是清楚的，就是它一传到我国，便受到了我国广大劳动人民的欢迎。因为它高产、适应性强，对土质要求不高，又抗旱，不论山地还是平川都可以种植。所以很快由南方传到北方，迅速推广到全国各地。

第三篇
为和平怀柔外交

刘邦为安边缔结"和亲约"

汉高祖刘邦（前256—前195），字季（一说原名季），沛郡丰邑中阳里（今江苏丰县）人，汉族。出身平民阶级，秦朝时曾担任泗水亭长，起兵于沛（今江苏沛县），称沛公。秦亡后被封为汉王。后于楚汉战争中打败西楚霸王项羽，成为汉朝（西汉）开国皇帝，庙号为高祖，汉景帝时改为太祖。自汉武帝时期司马迁开始，多以最初的庙号"高祖"称之，谥号为高皇帝，所以史称汉高祖、太祖高皇帝或汉高帝。他对汉民族的统一、中国的统一强大、汉文化的保护发扬有决定性的贡献。

中国自古以来就是一个多民族的国家。所谓安民，自然也包括汉族以外的少数民族。这可以从两方面来理解，一方面，安民也应该使少数民族得以安居乐业；另一方面，中原王朝的统治者必须妥善处理与周边少数民族的关系，这是中原地区百姓得以安居乐业的保证。

在中国古代，中原王朝与周边少数民族的关系自然少不了武力冲突，甚至大规模战争。但是，从主流来说，除了刀光剑影，更多的是和平相处，友好往来。和亲，就是当时历史条件下维持民族间友好共处的一种常用方式。

匈奴是中国北方的一个古老的民族，战国末年逐渐强大。战国以至秦朝，都以筑长城进行防御。秦朝末年，匈奴乘中原动乱，进一步扩张其势力，随即对新兴的汉王朝构成严重威胁：一则，匈奴的侵扰妨害了边郡生产和生活的正常秩序；二则，当时汉朝的一些敌对政治势力常常与匈奴贵族相勾结。因此，如何处理与匈奴的关系，成为汉朝统治者治国安民的急务。

汉高祖刘邦原来想用武力征服匈奴，但平城之围告诉他，这种方法是不现实的，于是他就采纳了刘敬提出的和亲的办法。所谓和亲，就是汉朝皇帝将自己的女儿（公主）嫁给匈奴单于为阏氏（正妻），附带送上一笔丰厚的嫁妆。这样一来，匈奴单于就成了汉朝皇帝的女婿。他死后，阏氏所生的儿子即位，新单于就是皇帝的外孙，外孙难道还会与外公作对吗？从而达到"可毋战以渐臣"的目的。汉高祖当即为刘敬这种简单明了的逻辑所折服，派他出使匈奴，结和亲之约。

和亲是一种亲善的表示，同样也是一种政治羁縻手段。而汉朝远嫁宗室子女，岁奉贡献，也不无屈辱的意味。但是，不管怎样说，这种方式为汉朝统治者赢得了宝贵的时间，更赢得了宝贵的和平，使汉朝有可能致力于内部的政治稳定和社会经济的发展。

诚然，和亲并没有像刘敬一厢情愿的那样，能够完全阻止匈奴的侵扰。在冒顿单于死后，这种侵扰有时仍然达到很严重的程度。文帝十四年（公元前166年）匈奴寇边，杀北地都尉印，汉朝动员了10万兵卒，才将匈奴骑兵击退。尽管如此，汉朝政府仍然没有放弃和亲。文帝后元二年（公元前162年）又重申和亲之约。

从今天来看，和亲并不值得提倡。但在当时，它为汉朝赢得了安定，而安定又保证了社会的发展，使百姓的安居乐业成为可能。

所以"文景之治"盛世的出现与汉王朝这种明智之举是有密切关系的。

和亲的维护需要双方都有足够的诚意，在古代它常常是双方的力量达到某种平衡的结果。一旦这种力量平衡被打破，和亲就很难继续。

西汉王朝经过60余年休养生息，国力充实。雄才大略的汉武帝无法再忍受和亲的屈辱感，于是立志北伐匈奴。他不但开通了河西走廊，将匈奴逐至漠北，而且将西域诸国从匈奴的奴役之下解放出来，置于汉朝政府的管辖之下。

匈奴经汉武帝时期接二连三的打击，至宣帝时分裂为东西两部。东部呼韩邪单于甘露三年（公元前51年）降附汉朝政府。西部郅支单于后被汉将击杀。竟宁元年（公元前33年），呼韩邪单于再次朝汉，元帝以后宫良家子王嫱（昭君）嫁给单于，号"宁胡阏氏"。从此，匈奴不断朝汉，遣子入侍，双方和平相处共40余年。王昭君出塞和亲也成为流传至今的历史佳话。

需要说明的是，和亲并不是汉朝与匈奴关系的特有方式，汉朝与乌孙以及其他西域国家也都有过这种关系。元封六年（公元前105年），汉武帝以江都王女刘细君与乌孙王和亲。这次和亲带有明显的政治目的，即联合乌孙，迫胁匈奴。刘细君死，汉朝又以楚王刘戊之孙解忧为公主嫁给乌孙王岑陬，以此进一步加强了汉朝与乌孙的联系，使乌孙成为箝制匈奴的重要力量。

■故事感悟

和亲不仅是中原王朝为维系与周边各族友好相处的一种政治手段，在促进文化交流和经济技术交流方面所起的作用和影响，也非常持久、深远。

■ 史海撷英

中矢归天

刘邦称帝后，为了巩固皇权可谓费尽心机。随着年龄的增大，尤其是在平定英布的叛乱时，刘邦又中了箭伤，因此到长安后病情日益加重。

吕后曾为刘邦找来名医，刘邦问医生病情。医生说可以治，但刘邦一听医生的口气，就知道不会好了，因此气得大骂医生："以布衣提三尺剑取天下，此非天命乎？命乃在天，虽扁鹊何益！"说完，赏赐给医生50金便打发他走了。

吕后问弥留之际的刘邦，他死后谁可以帮助刘氏辅佐天下："萧相国死后，由谁来接替呢？"刘邦说曹参可以。吕后又问曹参之后是谁，刘邦说："王陵可以在曹参之后接任，但王陵智谋不足，可以由陈平辅佐。陈平虽然有智谋，但不能决断大事。周勃虽然不擅言谈，但为人忠厚，日后安定刘氏江山肯定是他，用他做太尉吧。"吕后又追问再以后怎么办，刘邦有气无力地回答说："以后的事你不会知道了。"

公元前195年，即高祖十二年的四月二十五日，刘邦驾崩。享年62岁，葬于长陵。谥号为高皇帝，庙号太祖。

■ 文苑拾萃

高祖本纪（二首）

佚 名

（一）

性傲轻狂无赖郎，友朋酒会醉高阳。
良材善用驭韩信，一日功成居庙堂。

（二）

亭长何能称帝皇？虚怀将士助刘郎。
萧何月下追韩信，樊哙鸿门傲霸王。
略地攻城有敬伯，运筹帷幄赖张良。
三章约法废秦律，深得民心夺未央。

细君公主忍辱再嫁为和平

刘细君（前140—前87），汉江都王（扬州）刘建之女。汉武帝为结好乌孙（今伊犁河上游流域），封细君为江都公主，下嫁乌孙国王昆莫，是早于昭君出塞的第一位"和亲公主"。

汉武帝元封六年（公元前105年），汉武帝派江都王刘建的女儿细君公主下嫁昆莫（乌孙王号）猎骄靡。

对于这次联姻，汉武帝是相当重视的。除了赐乘舆及各种御用之物外，还特置属官、宦官和侍御数百人随公主出嫁，赠送的嫁妆极为丰厚。猎骄靡对娶到细君公主也十分满意，立细君公主为右夫人。细君公主出生在王侯世家，容貌美丽，气质高贵，乌孙国王见了自然喜出望外。不久匈奴闻讯，也将单于的女儿嫁给昆莫，立为左夫人。

于是，这右夫人和左夫人每天面临的不仅仅是情斗，还有各种各样的政治斗争。而要想获得政治斗争的胜利，就必须拥有更大的权力。

匈奴公主马上来、马上去，因此挽弓射雕、驰骋草原是平常事，很快也就习惯了乌孙国的生活方式；相比之下，自幼长在汉朝深闺、锦衣玉食的细君公主在草原的生活却是如坐针毡、度日如年，加之昆莫年老体衰，细君只好自制宫室独居，生活愁苦不已。

有歌写道：

> 吾家嫁我兮天一方，
> 远托异国兮乌孙王；
> 穹庐为室兮旃为墙，
> 以肉为食兮酪为浆；
> 居常思土兮心内伤，
> 愿为黄鹄兮归故乡。

当这歌辗转地传到汉武帝的耳中时，汉武帝对细君公主深表同情。因此，此后每隔一年，汉武帝都会派使者携带帷帐、锦绣等物品，前去乌孙国对公主予以慰问。

两年后，老乌孙王一病不起，他的儿子也早已死了，于是他的孙子军须靡继承了王位。按照乌孙国的习俗，新王也将继承祖父的妻妾。这在大汉王朝是绝不可能被接受的行为，但在匈奴及西域等野蛮之邦，却被奉为传统。细君公主自然不肯接受，于是派人上书汉武帝。不料得到的答复却是"在其国，从其俗，我欲与乌孙共灭匈奴，只有委屈你了。请你以国家为重，顾全大局，继续做好和亲工作"。

细君公主得不到汉廷的支持，只能含泪"入乡随俗"，忍辱再嫁。然而，她却是天天以泪洗面，内心悲痛不已，愁绪百结，勉强支撑了3年，为新夫生下一女。因为产后失调，再加上恶劣的心情始终无法排遣，不久之后就忧伤而死。死时只有25岁。

■故事感悟

为了民族间的和平友好，细君公主以大局为重，忍辱负重，换来了大汉王朝与匈奴间的和平共处，为民族的融合和进步作出了巨大贡献，值得景仰！

■史海撷英

张骞提倡联姻

汉武帝即位后，采纳了张骞提出的联合乌孙以"断匈奴右臂"的建议，遂命张骞为中郎将，率领300人出使西域。

张骞到达乌孙国后，受到了乌孙国上上下下隆重的礼遇。他郑重地向乌孙国国王昆莫说明汉朝天子愿意与乌孙国结盟和亲之意。昆莫听后，特地召集大臣商量此事。决定先派使者携带几十匹良马作为礼品，随同张骞至长安向汉皇答谢，并了解中原的实况。

乌孙使者到达长安后，看到的是一派雄伟壮观、富丽繁华的景象，令他们羡慕不已。回国后，使者便向国王昆莫如实禀告了在长安看到的一切繁华。如山川如何壮丽，建筑如何雄伟，物产如何丰富，商业如何繁荣，文化如何发达，人物如何俊美，等等。

昆莫听后，决定接受张骞提出的联姻建议，并当即派遣使者带马千匹作为礼聘前往长安，向汉武帝提出联姻要求，表示永结友好。汉武帝听了来使的陈述后，也答应联姻，并决定由江都公主刘细君出塞乌孙。

隋文帝改善与突厥关系

隋文帝杨坚（541—604），弘农郡华阴（今陕西省华阴县）人。隋朝开国皇帝。他在位期间成功地统一了严重分裂的中国，开创了先进的选官制度，发展了文化经济，使中国成为盛世之国。文帝在位期间，隋朝开皇年间疆域辽阔，人口达到700余万，是人类历史上农耕文明的巅峰时期。杨坚是西方人眼中最伟大的中国皇帝，被尊为"圣人可汗"。

隋文帝杨坚消灭陈朝后，把陈后主陈叔宝的屏风送给突厥大义公主。大义公主原来是北周宗室的千金公主，嫁给突厥沙钵略可汗摄图。为了求得隋朝的支持，千金公主请求改姓杨，做杨坚的女儿。杨坚很高兴，封她为大义公主。其实，大义公主内心深处充满了对杨坚的仇恨，经常想着为北周宗室报仇。

大义公主收到屏风后，触景生情，想起被杨坚灭掉的北周宗室，无限伤感。她提笔在屏风上写诗，叙述陈朝灭亡的经过，寄托自己对北周故国的怀念。杨坚听说后，对大义公主有了戒心。

隋朝的流民杨钦逃到突厥来找大义公主，谎报说："我知道公主一直对隋朝有复仇之心，现在机会来了。彭公刘昶的妻子也是北周宗室的公主，他们夫妻俩正准备起兵攻打隋朝。公主应该请可汗派兵骚扰隋朝的边境，配合刘昶的行动。"

都蓝可汗雍虞间是摄图的儿子，他相信了杨钦的话，不断派兵侵扰隋朝的边境，也不再向隋朝交纳贡品。大义公主还让与她长期私通的胡人安遂迦和杨钦一起给雍虞间出谋划策。

隋文帝开皇十三年（593 年），杨坚派车骑将军长孙晟出使突厥了解情况。长孙晟通过明查暗访，终于了解到是杨钦在暗中捣鬼。他向杨坚禀报后，杨坚派他再次出使突厥，索要杨钦。

雍虞间敷衍说："我已经检查过所有的宾客，没有杨钦这个人。"

长孙晟找到了解情况的突厥人，送给他许多金银财宝，打听到了杨钦躲藏的地方，然后派人连夜抓获了杨钦。长孙晟带他去见雍虞间，说："可汗，这就是隋朝的要犯杨钦，可汗认识吧？"

雍虞间极为尴尬，他支支吾吾不知如何应答。长孙晟又说："可汗恐怕还不知道，安遂迦一直和公主私通呢！"

雍虞间极为震惊，马上逮捕了安遂迦，并对长孙晟说："感谢长孙将军指点迷津。安遂迦和杨钦就一并交由隋朝处治，以向主上表明我与隋朝结好的心意。"

既抓到了要犯，又使雍虞间与隋朝重新修好，长孙晟一举两得。杨坚非常高兴，给他加官开府，仪同三司，并派他第三次出使突厥，劝说雍虞间除掉大义公主。内史侍郎裴矩请求说："陛下，请派我去完成这项任务吧。"

杨坚点点头，说："也好。最近突利可汗向隋朝求婚，你去告诉他，朕可以答应他，条件是必须杀掉大义公主。"

突利可汗染干见到裴矩，欣然应允。他找到雍虞间，说了许多大义公主的坏话。雍虞间马上杀了大义公主，请求和隋朝建立新的联姻关系。杨坚准备答应他的请求，长孙晟则表示反对。他分析说："雍虞间和染干都向我朝求婚，但目的不一样。雍虞间想利用隋朝牵制达头可汗。如果答应他，他的势力就会强盛起来。雍虞间是个反复无常的人，等他羽翼丰满，必然反叛，恐怕那时就不好制伏了。染干和他的父亲莫何可汗都诚心归顺我朝，如果和染干联姻，并劝说他率部南移，我们可以利用他牵制和抵御雍虞间。这样，我们的北部边境就会安定。"

杨坚高兴地称赞说："这实在是个好主意。"

隋文帝开皇十七年（597年），染干到长安迎娶安义公主。杨坚为了离间染干和雍虞间之间的关系，有意把婚礼办得格外隆重。雍虞间果然老羞成怒，断绝了给隋朝的朝贡，多次发兵骚扰隋朝边界。但由于染干率领部落迁徙到南部，总能及时发现雍虞间的动静，因此，雍虞间一直不能得逞。

后来，杨坚册封染干为意利珍豆启民可汗，启民可汗的部落逐渐强盛起来。

■故事感悟

在以武力回击来犯之敌的同时，隋文帝又相应地采取和亲、安抚等政策和措施，改善与突厥的关系。因此，在文帝时期，隋与突厥虽有战争，但和睦相处仍占主导地位。

■史海撷英

杨坚简化地方官制

590年，隋文帝杨坚对地方机构进行了较大的改革。他采纳度支尚书杨尚希提出的"存要去闲，并大去小"的建议，将以前比较混乱的地方官制从州、郡、县三级精简为州、县两级，撤消了境内500多个郡。同时，他还裁减了大量的冗官，将一些郡县合并，从而大大地节省了政府的开支，也减轻了人民的负担。

为了让各级官员更恰当地行使权力，杨坚下令，九品以上的官员一律要由中央任免。官吏的任用权一概由吏部掌握，禁止地方官就地录用僚佐。而且，每年都要由吏部进行一次考核，以决定对官员的奖惩与升降，后来又改为3年任期制。

杨坚还命令各州每年应推选出3个文章华美、有才干的人到中央受官。后来，他又下令，京官五品以上、地方官部管刺史，都要由有德有才的举人担任。这种选拔政府官员的制度，使得各个阶层有真才实学的人都有机会为国家效力了。

杨坚开创的科举制度，在中国历史上留存长达1300多年之久，直到清朝末期才被废除。然而，当时的美英等国都对此称奇，并借鉴了这种选拔制度，将其作为政府文员的聘用方法。

■ 文苑拾萃

隋门隋文帝

（唐）周昙

孤儿寡妇忍同欺，辅政刚教篡夺为。
矫诏必能疏昉译，直臣诚合重颜仪。

宴秦孝王于并州作

（隋）杨坚

红颜讵几？玉貌须臾。
一朝花落，白发难除。
明年后岁，谁有谁无。

李渊与突厥交好为定边

唐高祖李渊（566—626），字叔德。陇西成纪（今甘肃省秦安县北）人。唐代开国的君主。世代显贵，受北周唐国公爵号，后受隋炀帝弘化留守，兼领潼关以西的军事指挥大权。见隋炀帝无道，趁天下大乱，运筹帷幄，起兵太原，定鼎关中，创建大唐，又翦灭群雄，统一全国，实为一代创业之主。在位9年，被迫传位于次子李世民，自称太上皇。贞观九年（626年）崩，死后庙号高祖。

隋末李渊起事后，原晋阳县县令刘文静劝李渊和突厥人结交，借助突厥的军队以壮大反隋的力量。

隋恭帝义宁元年（617年）六月初的一天，突厥始毕可汗咄吉接到李渊送来的丰厚礼物，并附有一封信。信中说要大举义兵南下迎回隋炀帝杨广，重新与突厥和亲，请咄吉一起南下，但希望他所带的突厥士兵不要侵扰百姓，如果咄吉只想坐受财宝也可以。咄吉回信说："我很清楚隋朝皇帝的为人，如果把他迎回，他不但会加害唐公，还会派兵攻打我们。假如唐公能自称天子，我愿意助唐公一臂之力。"

见到咄吉的回信，李渊的幕僚及将领们都十分高兴，请李渊赶快称帝。李渊却摇头表示反对。刘文静和前晋阳宫监裴寂劝道："我们虽然召集了大量义兵，但战马极为缺乏，这正是突厥人可以向我们提供的。如果李公犹豫不决，恐怕突厥人会反悔的。请李公下定决心。"

李渊仍然反对，他说："我们最好再考虑一下，看看还有没有其他的办法。"

裴寂建议道："我有个办法，请李公考虑。李公可以尊主上为太上皇，把代王杨侑立为皇帝，这样可以安定隋王室。然后我们向各郡县发布檄文，同时把旗帜的颜色由隋朝原来单一的红色改为红白相间的颜色。这样又可以向突厥人表示我们与隋王室的不同，以争取他们的支持。"

李渊笑道："这个办法是掩耳盗铃，但形势所迫，也只好这样了。"

李渊派使者把这个决定通知了咄吉。咄吉派他的柱国康鞘利送来1000匹马卖给李渊，并答应发兵送李渊进关，李渊需要多少人他就出多少人。突厥人的马李渊只买下一半。大家都很不理解，以为是军资不足，纷纷要求用自己的钱把马全部买下。

李渊阻止道："万万不能这样做。突厥人非常贪财，要是把他们的马全部买下，他们就知道我们急需马匹，会不断地送马来，价钱也会大大地提高。我之所以少买他们的马，不过是向他们表示我们很穷，而且也表示我们并不那么迫切需要马。"大家听了，茅塞顿开，不禁赞叹李渊考虑问题深远。

康鞘利返回突厥后，李渊让刘文静出使突厥请求发兵。他面授机宜说："我借突厥人的兵马只是壮声势，几百人就足够了，千万不可多。突厥人进入我们境内，必然会危害百姓，这是我极不愿意的。我让突厥人发兵，主要是为了阻止刘武周和突厥人勾结。"

刘文静到了突厥，拜见咄吉，请求发兵，并和咄吉约定，一旦攻入长安，长安的百姓和土地归唐公，金银财宝归咄吉。咄吉对此事感到非常高兴。

七月十八日，咄吉发兵进入隋朝境地，帮助李渊攻打并占领了长安。此后，李渊建立唐朝，并同突厥的关系极为密切，相处十分融洽。

■故事感悟

李渊不惜纡尊降贵与突厥交好，目的就是为了保持边境的和平。因为他深知，只有保持边境和平，才能更好地发展自己。他这种以大局为重、以和为贵的思想值得后人借鉴。

■史海撷英

李渊称帝

617年五月，李渊与次子李世民起兵叛乱，并从河东（今山西永济西）召回长子李建成和四子李元吉。

十一月，李渊进入长安，然后立隋炀帝的孙子代王杨侑为天子，即隋恭帝，改元义宁，遥尊隋炀帝为太上皇；又以杨侑的名义自加假黄钺、使持节、大都督内外诸军事、尚书令、大丞相，进封唐王，综理万机。

次年（618年）五月，李渊正式称帝，改国号为唐，定都长安。不久，李渊统一了全国。

文成公主为国远嫁

文成公主（625—680），唐朝宗室之女。她聪慧美丽，自幼受家庭熏陶，学习文化，知书达理，并信仰佛教。松赞干布是藏族历史上的英雄，崛起于藏河（今雅鲁藏布江）中游的雅隆河谷地区。他统一藏区，成为藏族的赞普（"君长"之意），建立了吐蕃王朝。唐贞观十四年（640年），他遣大相禄东赞至长安，献金5000两，珍玩数百，向唐朝请婚。太宗许嫁宗女文成公主。

隋唐之际，即7世纪前期，吐蕃出现了一位杰出领袖，名叫弃宗弄赞，西藏的佛教史称之为松赞干布，后来的历史文献均用此名。他年纪很轻就当了赞普，骁勇善战，足智多谋，带领他的部下用武力征服了青藏高原的许多部落。连实力与之相等的羊同国（有大小两个羊同国）也俯首归顺，其余较小的部落无不影从，进而建立起强大的奴隶制政权，成为青藏高原各部落的霸主，以逻些（今拉萨）为首都。

那时，内地正是唐太宗统治的贞观时期，唐王朝声威远震，万国朝宗。而松赞干布又素慕唐朝的文化，景仰唐朝的文明。于是在贞观八年（634年），他派遣首批使者来到长安，唐朝亦遣冯德遐回访吐蕃，成为汉藏民族友好关系的开端。

此后，松赞干布又多次派遣使者来长安朝贡，并欲效吐谷浑及突厥之先例，娶唐朝公主为妻，但唐太宗没有允许。使者回到吐蕃谎称："初到长安，唐朝十分优待，允许通婚。正好碰上吐谷浑国王入朝，在唐太宗面前离间我们的关系，遂罢通婚之议。"松赞干布闻之甚怒，与羊同等部落连合出兵，攻击吐谷浑。吐谷浑招架不住逃至青海。

吐蕃又攻击了党项及白兰两个部落之后，在松州（今四川松潘县）西部屯兵20多万，并遣使送金银布帛至长安，声称是娶公主的聘礼。由使者传话威胁说："若大国不嫁公主，当即进攻内地。"这种以重兵逼嫁、胁迫成婚的无理要求，自然遭到唐太宗的极力反对。

不久，松赞干布果然率兵进攻松州。唐太宗当即遣吏部尚书侯君集率兵5万，分4路合击松赞干布。结果大败松赞干布，斩首级千余，松赞干布引兵遁逃。后又遣使谢罪，复求婚约，唐太宗这次才答应了通婚的要求。

贞观十四年（640年），松赞干布派遣他的大相（职同宰相）禄东赞给唐王朝送上黄金5000两，珠宝数百件，到长安聘婚。唐太宗答应将宗室之女文成公主嫁给松赞干布。

相传，唐太宗在应婚之前，曾经"五难婚使"。这五件难事之一，就是让使者认出百匹母马与百匹驹马的母子关系。这意味深长的难题含义婚使自然是心领神会，即汉藏两族通过公主出嫁要建立永久的母子亲情。据说禄东赞运用吐蕃人丰富的牧畜经验，将母马和驹马分别圈起来，并暂时断绝驹马的饮水和草料。过了一两天之后，把母马与驹马同时放出马厩，顿时出现了母觅子、子寻母，母子偎依一起的动人景象。禄东赞就这样一一解决了5个难题，让唐太宗十分高兴，允许他立即迎娶文成公主入藏。

唐太宗对文成公主出嫁西藏这件事也是相当重视，不仅为她准备了丰厚的妆奁，其中包括诗文、经史、农事、医药、天文、历法等书籍，还有谷物、蔬菜、果木种子，以及各种各样精美的手工艺品。除此之外，还让她带去了各种技术工匠和一支宫廷乐队。当时，唐朝非常盛行佛教，文成公主更是一位虔诚的佛教信仰者，所以还带去了一尊佛像。

贞观十五年（641年），唐太宗派江夏王礼部尚书李道宗护送文成公主入藏。松赞干布率领侍从和卫队从拉萨前往柏海（今青海的鄂陵湖和札陵湖区域）等待，然后再到河源（今青海兴海县一带）迎接。松赞干布拜见李道宗，恭谨地奉行子侄之礼，不断叹服大国服饰礼仪之美，俯仰之间均表现出一种愧沮之色。

松赞干布与公主回到拉萨之后，举行了盛大婚礼。松赞干布对自己能娶文成公主为妻十分高兴，他说："我的父祖辈没有一个人能和上国通婚，我能娶大唐公主为妻，深感荣幸，当为公主筑一城以夸示后代。"于是命人仿照唐朝建筑模式修造一座宫殿式的建筑专门给她住。

文成公主入藏之后，把唐朝的优秀文化和先进的生产技术传入了西藏，和松赞干布同心协力发展吐蕃的经济和文化。当时藏族没有文字，记事用绳子打结或以木刻划记号来表示。在文成公主的主张下，松赞干布派人进行专门研究，创造了30个藏文字母和拼音造句文法，结束了藏人无文字的历史。从此汉文书籍可以译成藏文，对藏族文化的发展起了促进作用。

西藏过去无完整的历法，以麦收的季节（约为夏历三月）作为一年的开始。文成公主入藏后还推行夏历制，大大便利了藏族历史文化的纪年和著录。文成公主带去的宫廷乐队，丰富和繁荣了藏族的民间音乐，提高了藏民的文化生活水平。她带去的许多工匠使藏人深得其利，从此藏民掌握了汉族的先进工艺技术，推广了汉族的农业生产工具，大大发展了藏族的农业生产力。文成公主带去的各种植物种子，也在西藏土地上生根、开花、结果，改变了藏民的食品结构，丰富了藏民的食物品种。

文成公主信佛，松赞干布在她的影响下，也大力提倡佛教，还特地在拉萨修建了大昭寺，这对西藏人的精神生活影响之大难以估量。在文成公主的倡导下，松赞干布不断派人到长安留学，学习汉族优秀的文化和先进的生产技术，还聘请汉人到西藏掌握文书，传授知识。此后唐朝又不断送去蚕种，帮助其发展养蚕事业；送去酒曲，派人帮助其发展酿酒事业。还有碾磨、造纸、造墨等，也派去专人传授。文成公主还亲自传授了刺绣、纺织的技术。

松赞干布对文成公主可以说是言听计从。在她入藏之前，藏人喜欢用一种矿物赭石的色彩涂面，公主讨厌这种化妆品，觉得会使人显得面目可憎，松赞干布马上下令全国禁止使用赭石涂面，公主喜穿汉族轻质的纨绮服装，松赞干布也就脱掉传统的藏民皮褥毡裘，身着丝绸服饰。真是做到了妇唱夫随啊！

藏族人民至今在布达拉宫里还安置着文成公主和松赞干布的塑像，保留着二人结婚时的洞房遗址。西藏民间还广泛流传歌颂文成公主的民歌，歌颂她给藏族经济文化的发展所作出的巨大贡献。

■故事感悟

文成公主入藏，对加强汉族和藏族的往来，发展藏族的经济文化，作出了巨大的贡献。

■史海撷英

文成公主庙

文成公主庙别名为"沙加公主庙"，位于青海省玉树县结古镇东南25公里的贝纳沟。这里是一条巨大的峡谷，两边的山脉巍峨地矗立在青藏高原的蓝天下，山上松柏如画，山下小河流水。藏式建筑的文成公主庙就紧贴在百丈悬崖之上，金光闪闪的屋顶在阳光下显得光芒四射。庙的四周，所有的悬崖和面积较大的石头上都刻着数不清的藏经。

这座公主庙共分三层，面积包括院落可达600多平方米，通高为9.6米。庙中央的文成公主坐像端坐在狮子莲花座上，身高8米。坐像的两旁还立有8尊石刻的佛立像，分立在上下两层，每尊佛像高达3米，而且都精雕细刻，形象生动。

可以说文成公主庙是一座既有唐代艺术风格、又有藏式平顶建筑特点的古式建筑。

□文苑拾萃

喜 雪

（唐）李世民

碧昏朝合雾，丹卷暝韬霞。
结叶繁云色，凝琼遍雪华。
光楼皎若粉，映幕集疑沙。
泛柳飞飞絮，妆梅片片花。
照璧台圆月，飘珠箔穿露。
瑶洁短长阶，玉丛高下树。
映桐珪累白，萦峰莲抱素。
断续气将沉，徘徊岁云暮。
怀珍愧隐德，表瑞仁丰年。
蕊间飞禁苑，鹤处舞伊川。
傥咏幽兰曲，同欢黄竹篇。

金城公主入藏

　　金城公主（698—739），唐中宗养女。神龙三年（707年），吐蕃赞普遣使请婚，中宗许嫁给吐蕃赞普尺带珠丹。景龙四年（710年）春，吐蕃遣使迎公主入藏，中宗亲送至始平（今陕西兴平），赠以锦缯、杂伎百工和龟兹乐；命左卫大将军杨矩持节护送至吐蕃，赞普为公主另筑城居。金城公主入蕃30年，力促唐蕃和盟。此间，唐、蕃虽曾进行过多次的战争，但由于金城公主的努力，双方使臣往来频繁。终于在773年，唐、蕃在赤岭（今青海湟源西日月山）定界刻碑，约以互不相侵，并于甘松岭互市。

　　唐朝的金城公主，是雍王李守礼的女儿，她的祖父就是武则天的第二个儿子李贤。据记载，李贤文武双全，是武则天4个儿子中天赋最高的一个。675年，他被立为太子。然而，李贤的才干及在朝臣中的威望成为武则天的极大威胁。

　　680年，武则天以谋反的罪名废除了李贤，将他幽禁在巴州。3年后，唐高宗去世，武则天的第三个儿子李显只当了两个月皇帝就被废除。第四子李旦即位，也是傀儡，实权掌握在武则天的手中。

为免除祸患，武则天派人赐死了年仅31岁的李贤。李贤的3个儿子也被幽禁宫中，按时由太监杖打。李守礼的哥哥和弟弟，都在这种无情的杖打下死去了，只有他顽强地活了下来，熬到了唐中宗李显复位的这一天。

这种痛苦的经历，让李守礼的性情大变。史书记载，李守礼十分贪财，而且家教不好，女儿几乎个个是荡妇，儿子几乎个个是无赖。

然而，李守礼的女儿金城公主却不同于哥哥姐姐们。原来，唐中宗李显有感于哥哥李贤的悲惨命运，收养了李守礼的一个女儿。这个女儿就是金城公主。因此，金城公主从小就生活在皇宫之中，不仅受到了良好的教育，而且还被培养出了高贵优雅的气质。

唐中宗软弱无能，受制于韦皇后和女儿安乐公主，两个女人不仅野心勃勃，而且生活糜烂。尤其是安乐公主，可谓恶贯满盈。别的公主受安乐公主的刺激，也全心全意穷奢极欲，只有金城公主不为所动。她一直没有出嫁，因为朝廷已经将她定为和亲公主了。

金城公主虽然不甘心这样的命运，但最终也只能接受这个事实。705年，垂帘听政的尺带珠丹的祖母派人向大唐求婚，中宗当场答应将金城公主嫁给藏王尺带珠丹。

710年，金城公主正式出发，唐中宗亲自将她送至陕西的兴平县。金城公主含泪辞别了亲人，沿着当年文成公主走过的道路来到了西藏的拉萨。

尺带珠丹成年后多被大臣操纵，虽然与大唐通婚，但双方边境还是不时发生战争。金城公主夹在其中，左右为难。不过，吐蕃输多赢少。尺带珠丹只得派人向大唐求和，这时唐朝的皇帝已经是唐玄宗了。玄宗一方面优待吐蕃使者，一方面派使臣前往吐蕃，赐给金城公主书信，并带去大量的赏赐。尺带珠丹非常高兴，签订了以青海日月山为界互不侵犯的条约。双方终于有了一段相对和平的时期。

724年，金城公主生下儿子赤松德赞。尺带珠丹的另外一位王后细顿知道后十分嫉妒，以阴谋手段夺走了小王子，伪称是自己所生。藏王和大臣也不知道谁是王子的真正母亲。

按西藏的风俗，王子会走路时要举行宴会庆祝。到了这天，尺带珠丹将酒杯交给儿子，说："儿啊，把酒送到你舅舅家吧。"细顿王后家的人用尽方法引诱他，王子都不为所动，而是将酒递给了金城公主的家人，金城公主高兴地落下了泪。

当然，王子认母的故事只是个传说，不足为信，但却曲折地反映了西藏人民对金城公主的爱戴，以及金城公主育有儿子、曾在西藏有过一段艰苦岁月等这些事情。

金城公主在西藏生活了32年，741年因病去世。

■故事感悟

为了唐蕃两国的和平友好，金城公主从大局出发，在吐蕃的几十年生活中不怨天尤人，而是矢志不渝地履行自己的使命，尽心尽力辅佐丈夫共同治理吐蕃。至今，汉藏两族的人民都怀念着这位深明大义的大唐公主。

■史海撷英

唐朝割地

710年（唐中宗景龙四年），唐朝不仅将金城公主进贡给了吐蕃人，一年后唐睿宗又将黄河河西九曲之地割让给了吐蕃。从此，吐蕃取得了战略地理上的优势。因此，金城公主的和亲，可以算是唐朝和亲史上最屈辱的一次和亲，同时也是唐朝割地局面的开始。